普通高等教育规划教材
国家级精品课程教学参考用书

Experiments of Traffic Management and Control

# 交通管理与控制实验

刘　澜　罗　霞　张　骏　主编

西南交通大学资产与实验室管理处　主审

人民交通出版社
China Communications Press

# 内 容 提 要

本教材作为国家级精品课程《交通管理与控制》的配套教材之一,共包括两大部分。第一部分讲述了开展交通信号控制实验的基础理论和交通信息分析技术,以及 Synchro 和 VISSIM 软件的操作概要;第二部分运用上述两个软件,分别设计了单点信号控制、干道协调控制和区域协调控制实验,并通过个性化实验,进一步培养学生的创新应用能力。

本书可作为交通工程、城市规划、公共管理等专业本科生及研究生教学用书,同时也可供交通管理与控制工作的工程技术人员参考。

## 图书在版编目(CIP)数据

交通管理与控制实验 / 刘澜,罗霞,张骏主编. —
北京 : 人民交通出版社股份有限公司, 2017.10(2025.1 重印)
ISBN 978-7-114-13436-4

Ⅰ.①交⋯　Ⅱ.①刘⋯ ②罗⋯ ③张⋯　Ⅲ.①公路运
输—交通管理—实验 ②公路运输—交通控制—实验　Ⅳ.
①U49-33

中国版本图书馆 CIP 数据核字(2016)第 260869 号

Jiaotong Guanli yu Kongzhi Shiyan
书　　　名:交通管理与控制实验
著 作 者:刘 澜 罗 霞 张 骏
责 任 编 辑:刘永超　肖 鹏
出 版 发 行:人民交通出版社股份有限公司
地　　　址:(100011)北京市朝阳区安定门外外馆斜街 3 号
网　　　址:http://www.ccpcl.com.cn
销 售 电 话:(010)85285911
总 经 销:人民交通出版社股份有限公司发行部
经　　　销:各地新华书店
印　　　刷:北京虎彩文化传播有限公司
开　　　本:787×1092　1/16
印　　　张:8.25
字　　　数:187 千
版　　　次:2017 年 10 月　第 1 版
印　　　次:2025 年 1 月　第 4 次印刷
书　　　号:ISBN 978-7-114-13436-4
定　　　价:22.00 元

(有印刷、装订质量问题的图书由本公司负责调换)

# 前言

　　交叉口信号控制是交通管理与控制的主要方式之一,运用现代计算机交通仿真软件对城市道路交叉口进行信号配时方案设计与仿真,已成为交叉口交通管理与控制及其运行效果评价的重要措施。熟练掌握一两种交通工程应用软件是新时期交通工程专业学生的必备技能之一。通过仿真软件进行应用实验,可使学生加深对交通管理与控制理论知识的理解和认识,提高软件操作水平和解决实际问题的能力。

　　本实验教材是国家级精品课程《交通管理与控制》的配套教材之一,共包括两大部分内容。第一部分是关于开展交通信号控制实验的基础理论知识和交通信息分析技术,以及 Synchro 和 VISSIM 实验系统操作概要;第二部分运用上述两个软件,分别设计了单点信号控制、干道协调控制和区域协调控制实验,并通过个性化实验,进一步培养学生的创新应用能力。实验内容充实、步骤详细,可做为交通工程、城市规划、公共管理等专业高校学生教材及相关设计人员的参考资料。

　　本教材的编写得到了西南交通大学实验室及设备管理处和交通运输与物流学院各位领导的大力支持,实验室邓灼志老师、黄厚旗老师对实验的开设给予了指导,硕士研究生陈波莅、陈怡乾协助进行了教材初稿的编写,博士研究生丁宏飞参与了第 2 章的编写,硕士研究生左科进行了教材第 3 章的修订工作和各章节最后的整理和完善工作,陈芋宏老师进行了教材的实验教学和修订完善,硕士研究生刘媛进行了教材内容整合和全文校对,西南交通大学资产与实验室管理处对教材修改提出了建议,在此一并向他们致以深深的谢意!

编　者
**2017 年 8 月**

# 目录

## 第1章

# 绪　　论

## 1.1　课程实验开设目的

交通管理与控制是交通工程专业的核心课程。课程着重探讨对于现有道路交通设施,如何科学地运用交通管理的各种措施与现代控制技术来提高交通效益与交通安全。通过配时参数设计、孤立交叉口控制和交叉口协调控制设计来优化道路交叉口信号配时方案,并综合运用交通法规、交通渠化、交通标志标线等交通管理措施,实现对交通流运动的指挥和疏导。

交通管理与控制实验一书的编写,是为了配合课程教学,使学生进一步理解在课堂上所学的理论知识,掌握交叉口信号配时设计的方法,并完成信号控制的具体操作过程,通过仿真设计,了解孤立交叉口信号控制及城市路网信号协调控制的思想和应用效果,熟悉并初步掌握交通管理与控制系统方案设计方法。

通过实验,学生可进一步加深对理论知识的理解和认识,增强对有关交通仿真软件的认识和实际操作能力;亲身实践交通管理与控制的工程性,对交通管理措施(如管制规则、渠化方案)与信号配时方案的关联性,信号转换的过程性等有直观的感受;对现场难以直接接触的系统管理和控制建立整体感和应用体验,为以后的实际应用做准备。

1

# 1.2 基础理论与基本方法

## 1.2.1 系统论

系统是由一些相互制约的要素或环节组成,并具有一定功能的整体。交通控制系统论就是要研究交通系统运动控制的模式、性能、行为和规律。它是以系统论的思想方法,结合道路交通系统自身特点,为人们认识交通控制系统的组成、结构、性能、行为和发展规律提供一般方法论的指导。

对于道路交通系统的研究,要从系统思想和观点出发,将所要解决的问题放在系统的模式中加以考察,始终围绕着系统的预期目的,从整体与部分、各部分之间和系统整体与外部环境之间的相互联系、相互作用、相互矛盾、相互制约的关系中综合考察对象,以达到最优处理问题的效果。

## 1.2.2 控制论

人们研究和认识系统的目的之一,就在于有效地控制和管理系统。控制论则为人们对系统的管理和控制提供了一般方法论的指导,它是数学、自动控制、电子技术、数理逻辑、生物科学等学科和技术相互渗透而形成的综合性科学。

城市交通控制中独立交叉口定时信号控制、感应控制以及区域信号协调控制等,无不围绕着控制理论的两个不变主题,即反馈和优化。就不同交通系统特性及控制需求而言,从经典控制理论到现代控制理论再到智能控制理论,都有其不同的适用性。

(1)最优控制

最优控制是研究在运动方程和允许控制范围的约束下,对以控制函数和运动状态为变量的性能指标函数(称为泛函)求取极值(极大值或极小值)。对一个受控的交通系统或运动过程而言,是从一类允许的控制方案中找出一个最优的控制方案,使交通系统的运动状态达到(转移到)目标状态,并且其性能指标值为最优。

最优控制是现代控制理论的一个主要分支,其一系列思想方法已在交通系统控制中得到广泛深入的应用。

(2)随机控制

随机控制是控制理论中把随机过程理论与最优控制理论结合起来研究随机系统的分支。交通运输系统是一个含有内部随机参数、外部随机干扰等随机变量的系统,随机变量不能用已知的时间函数描述,而只能了解它的某些统计特性。在进行随机最优控制中,由于存在不确定性,常常需要采取谨慎控制的策略,即把控制作用取得弱一些、保守一些;同时,为了更好和更快进行参数估计,又须不断获取系统的各种反馈运动,为此需要加入一些试探作用。试探作用的大小根据性能指标、误差的增减等因素加以折中权衡进行选择。谨慎和试探已成为设计随机控制策略的两个重要原则。

(3)自适应控制

自适应控制是能在系统和环境信息不完备的情况下,改变自身特性来保持良好工作品质的控制系统。信息不完备表现为系统和环境的特性或其变化规律的不确定性。自适应控制系统中采用有目的搜索和试探等方法,通过对环境不断进行观测和对已有控制品质进行评价和分析,在采集和加工信息的基础上学习和改进关于环境特性的知识,减少不确定性,进而模仿工程师的设计过程,自动地调整系统的结构或参数,达到改善系统品质的目的。

交通控制系统的自适应过程可以克服定时控制方式的局限性。它以检测器实时测量的交通参数为依据,联机生成或选择信号配时方案,对交通流进行实时控制,这一自适应控制过程必须依靠计算机和网络通信技术来完成。由于交通自适应控制系统能适应交通流的动态随机变化,不断修正控制参数,因而具有较高的控制精度和响应速度。

### 1.2.3 信息论

在信息时代的背景下,交通运动及其控制更直接地表现为信息系统的运动和控制。因此,信息论已成为处理交通运动与控制问题不可或缺的基础思想与技术手段。

在交通控制系统中,既有表示交通动态的各种指标、参数,又有控制交通运行的各种指令、信号,还有各种相关的规范、标准、计划、方案、图表、记录、票据文件等数据,这些信息有数字、文本、图形、视频、音频等多种格式,具有不同的时效性。交通控制涉及信息的生成、检测、识别、变换、传输、存储、处理、再生、表示和施效等运动过程,因而关于信息的属性、信息的描述和信息的测度,以及微电子技术、计算机技术、通信技术、光信息和图形处理技术等信息论思想和方法,必然是实现先进交通控制系统的一般方法论指导和具体技术手段。

## 1.3 交通信号控制基本理论

交通控制是以分配各个方向交通流通行权的方式,消除或减少交通流冲突,组织交通流安全、稳定、高效运行。根据控制范围的大小,分为单点信号控制、干线信号控制和区域信号控制。根据控制方式又可分为定时控制和感应控制。

### 1.3.1 单点信号控制

单点信号控制简称点控制,是指对单一交叉口或一条干线上、一个区域内的城市道路平面交叉口、高速公路匝道口独立进行信号控制。各交叉口的信号配时彼此间没有关联,各自独立调整和运行,追求各交叉口本身效率最高,如本交叉口车辆延误和停车次数等指标达到最小。点控制通常采用韦伯斯特配时法确定最佳周期时长和绿信比。

$$C_0 = \frac{1.5L + 5}{1 - Y} \tag{1-1}$$

式中:$C_0$——最佳周期长度(s);

$L$——总损失时间(s);

$Y$——交叉口交通流量比。

### 1.3.2 干线信号控制

干线信号控制简称线控制,是指将一条城市交通干线上的多个相邻交叉口视为一个整体进行信号协调控制,各交叉口的信号配时相互关联、相互协调,以减少不必要的停车和排队延误,保持干线上车流的连续通行。控制参数主要有周期时长、绿信比和相位差,常用同步式、交互式和续进式协调控制方式。

线控系统配时步骤如图1-1所示。

图 1-1　线控系统配时步骤

### 1.3.3　区域信号控制

区域信号协调控制简称面控制,是指将一个区域内的多个信号交叉口视为一个整体,进行信号协调控制,综合考虑各交叉口的信号配时方案,各交叉口的信号配时相互关联、相互协调,具有共同系统目标函数,是单点信号、干线信号系统和网络信号系统的综合系统,追求区域路网的总延误最小或平均排队长度最短。主要控制参数也是信号周期、绿信比和相位差。目前运用较多的区域信号控制系统有定时信号协调配时设计系统 TRANSYT、SIGOP 等和自适应协调控制配时设计系统 SCAT、SCOOT 等。

TRANSYT 的英文全称是"Traffic Network Study Tools",意为交通网络研究方法,基本结构如图1-2所示。

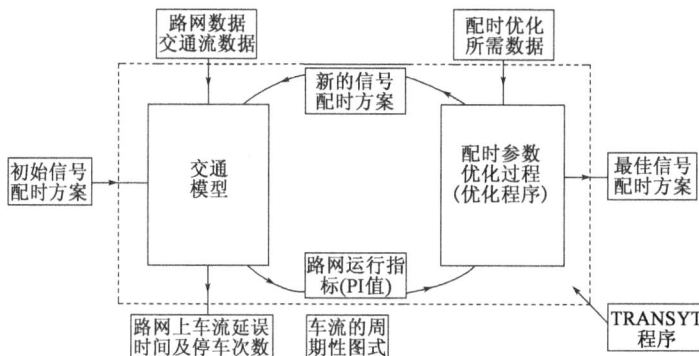

图 1-2　交通网络研究方法结构图

SCAT 与 SCOOT 是当今世界上公认比较成功的动态交通控制方式,SCAT(Sydney Coordinated Adaptive Traffic System)为方案选择式,是一种优选配时方案与单点感应控制作调整相结合的控制系统;SCOOT(Split – Cycle – Offset Optimization Technique)即"绿信比—信号周期—相位差优化技术",是一种对交通信号网络实行实时协调控制的自适应控制系统,为方案形成式。SCATS 系统适用于以干道为主的城市或路口间距较大的路段,SCOOT 系统适用于交通需求与路口容量接近、交通需求难以预知且路口间距小的场合。

### 1.3.4　定时控制和感应控制

定时控制是根据观测到的历史交通状况,按预先设定的周期和绿信比进行控制,不能适应交通流的随机、突发变化,适用于到达交通流稳定的交叉口。感应控制根据现场观测的实际交通状况,以实时检测的交通数据为依据来确定信号灯色时间,可以在一定程度上克服定时控制的弊病,适用于交通流量变化大且无规律的路口。

点控、线控、面控都可根据路网、交通条件选择定时控制或感应控制方式。

## 1.4　Synchro 系统概要

### 1.4.1　Synchro 系统运行参数

Synchro 交通信号协调及配时设计软件是根据美国交通部标准 HCM(1997)规范编制的,是一个建立和优化交通信号配时的完整的软件包。Synchro 系统运行参数包括设计参数和目标参数。

(1)设计参数

①路口地面渠化;

②每方向相位上的交通流量;

③车道宽度;

④车道坡度;

⑤地区类型(CBD 或其他);

⑥路边停车区长度;

⑦路边停车区车道数;

⑧转弯速度;

⑨每小时每方向行人数量;

⑩每小时公共汽车数量;

⑪重型车辆比例;

⑫是否设置右转控制相位;

⑬车辆行驶速度。

(2)目标参数

①单一路口配时方案;

②线控道路路口配时方案及相位差;

③车辆行驶延误时间;

④路口配时设计方案的服务水平;

⑤燃料(汽油等)消耗量;

⑥废气(CO、NO 等)排放量;

⑦路口配时方案仿真。

### 1.4.2　Synchro 功能简介

(1)能力分析

除了计算能力,Synchro 还可以优化周期长度和绿信比,消除了为寻找最优结果尝试多个配时方案的必要。同时,Synchro 中所有的数值都是在易于使用的表格中输入,而且计算便捷,其结果能马上显示到同一个表格中。

如果交叉口是联动控制的,Synchro 能明确计算队列要素,并能自动而精确地计算联控所造成的影响。

(2)协调控制

利用 Synchro 能够迅速生成优化的配时方案,它能优化绿信比、周期长度、相位差。Synchro 优化的出发点是为了减少延误。这一点使 Synchro 的配时方案与以减少停车次数与延误为目标的 TRANSYT 比较相似,而 PASSER 和其他主干交通软件则以最大限度满足主干道交通需求为目标。与 PASSER 和 TRANSYT 等联控软件不同,Synchro 是完全交互式的。当改变所输入的数值的同时,整个计算结果将相应地自动更新。新配时方案会展现在易于理解的时距图表上。

(3)感应信号

Synchro 是唯一一个能模拟感应信号的交互式软件包。Synchro 可以模拟跳跃与间断等行为,并能将这些信息应用到延误模型中。

(4)时距图表

Synchro 带有彩色的、信息丰富的时距图表,绿信比和相位差能够在图上直接修改。

Synchro 拥有两种特色的时距图表。带宽方式能够显示交通流如何无停顿地通过主干道;车辆流方式则能反映单个车辆停车、排队、运行的情况,这种方式生动地反映出了实际交通流的状况。

时距图表可通过打印机打印出来。

# 第 2 章

# 交通信息分析平台

## 2.1 交通信息采集技术

从交通信息的采集到处理的过程中,交通信息分析平台是建立在一个对静态和动态交通信息进行采集、预处理、存储、综合、分析的平台。因此交通信息分析平台是由交通数据采集系统、交通数据储存系统和交通数据处理系统、交通信息分析系统四个部分组成的,四个系统互不相同,但互相依托。整个交通信息分析平台框架如图 2-1 所示。

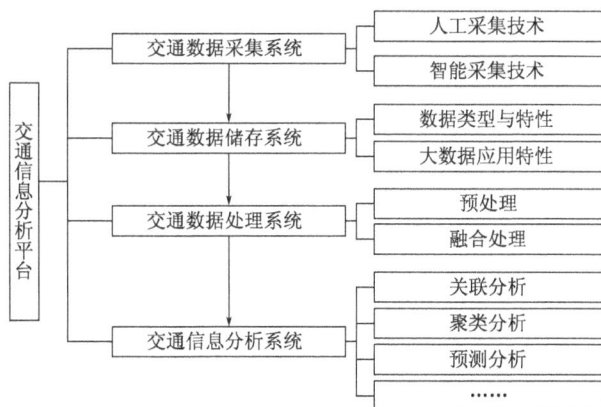

图 2-1 交通信息分析平台框架图

交通数据采集系统即对各种交通信息采集技术的集合,包括人工采集技术的相关数据以及智能交通信息采集技术的各种数据,是平台的数据来源和分析前提;交通数据储存系统即根据各交通信息采集技术的原始数据类型与特性分类储存的部分,为之后的预处理和分析做好准备;交通数据处理系统即对各交通采集技术的原始数据进行预处理和相关融合处理,将不符合规律的数据或者缺失的数据做出剔除或者替换等处理,为之后的交通信息分析提供合理的数据源;交通分析系统及对经过处理的交通数据进行相关分析,例如关联分析、聚类分析、预测分析等。交通信息分析平台就是在以上四个系统有机联系的基础上结合而成的。

### 2.1.1 人工交通信息采集技术

人工采集技术是指调查人员在指定地点按调查工作计划进行交通调查。这种交通信息采集技术需要事先设计调查表格,配合计时器以画正字记录来往车辆,或者用机械或电子式的简单计数器记录时间,并按传统要求将记录结果登记于记录表格上。根据调查计划要求,一般应分车型、来去方向进行记录,有时还要分车道记录。一般人工采集技术能够得到短期、临时的交通量,车辆的瞬时速度以及某一路段上的行程速度和密度等交通信息。从理论上来看,人工观测无论在车型的分辨或是技术方面都应比仪器观测准确和机动灵活方便,调查方法易于掌握,调查资料整理方便,而且调查地点、环境也不受限制,较其他的智能采集技术而言,不需要额外的交通检测设备,且技术要求不高,容易实现,但由于受人员素质、管理水平的影响较大,致使精确度反而不高,优势不明显。

### 2.1.2 智能交通信息采集技术

随着城市经济的不断发展和城市化进程的加速,交通拥堵问题日益加剧,城市功能难以得到正常发挥。通过智能控制合理优化现有交通设施,深度挖掘其运营潜力是缓解城市交通拥堵的重要手段,而交通数据采集是这一手段实施的首要环节。

1)固定检测器采集

(1)感应线圈式的交通信息采集技术

电磁感应检测技术属于接触式被动检测技术,是目前应用最广泛的传感器检测技术。该技术通过电磁感应线圈检测器作为检测传感器来检测指定道路区域是否通过或存在车辆,因此,其组成部分通常由三个部分:感应线圈、馈线及检测处理单元,如图 2-2 所示。而完整的车辆检测系统则是将多个感应线圈检测器检测到的信息,通过控制单元并经调制解调器传给控制中心,如图 2-3 所示。

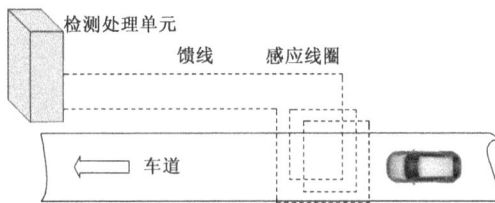

图 2-2 感应线圈布置示意图

感应线圈检测器的工作原理即为利用线圈某一特性变量的变化来感应并检测车辆的相关信息。首先,在车道的路面下埋设数匝由金属导线绕制而成的空心线圈;然后,将馈线与检测处理单元连接,用高频信号驱动环形线圈,若有车辆通过感应线圈,则线圈上的电感量会发生变化,进而引起线圈阻抗的变化,从而导致信号幅度、相位、频率等变化;最后,控制中心通过分析线圈的变化信息得到道路上的相应交通信息。

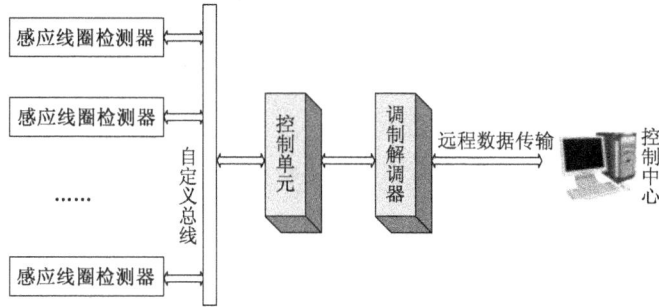

图 2-3 感应线圈的车辆检测系统示意图

感应线圈检测器中的处理检测单元可以输出感应信号,通过对感应信号的处理,即可获取相关的交通参数。感应线圈主要应用在车流量统计、车辆分类识别和车速估计三方面。

①车流量统计的应用

感应线圈检测器最基础的功能就是流量统计,其工作原理是在控制单元设置一个计数器来统计线圈所感应到通过的车辆数,如此,即可获得单位时间内通过该路段的车辆数。

②车辆识别的应用

车辆通过感应线圈时,线圈频率变化量的大小与线圈本身特性、电源频率和通过车辆的特征有关。其中,感应线圈本身特性与电源频率是在线圈设置的时候就已确定的,即可认为是不变量。而车辆本身特征中,车辆底部的材料基本相同,故也不会使线圈本身的电导率和磁导率发生变化。因此,与车辆有密切关系的车辆底部的构造形状、底盘高低就成为识别车辆类型的关键特征,故可利用车辆检测卡高速采集感应线圈频率变化数据,运用模式识别方法对车辆进行正确分类。感应线圈车辆识别流程如图 2-4 所示。

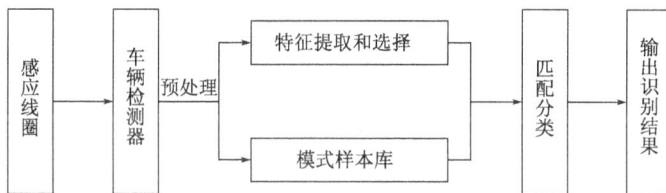

图 2-4 感应线圈车辆识别流程图

③车速估计的应用

车速估计可采用单线圈和双线圈两种模式,单线圈模式的车速估计可通过车辆长度加线圈的总长度与车辆通过线圈所需时间之比来获取,但是由于车辆实际长度未知而采用车辆的平均长度,这会导致较大的误差。因此,一般采用双线圈模式估算车辆的速度,其布置如图 2-5 所示。

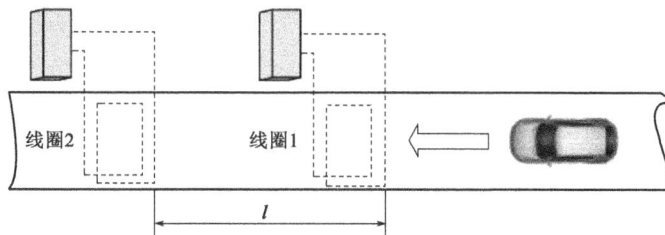

图 2-5 车辆越过双线圈示意图

9

因此,根据示意图的分析,即可得到双线圈模式下车辆的通过速度估算式为:

$$v = \frac{l}{t_2 - t_1} \tag{2-1}$$

式中:$l$——两个线圈之间的距离;

  $t_1$——车辆到达线圈 1 的时刻;

  $t_2$——车辆到达线圈 2 的时刻。

（2）超声波采集技术

超声波传感器发射超出人的听觉范围的频率为 $(25\sim50)\,kHz$ 的声压波,将接收的声信号转换为电信号,由信号处理单元进行分析处理,可以得到车辆出现、计数及道路占有率等交通信息。超声波传感器的探测区域由超声波发射器的波幅决定,通过测量由路面或车辆表面反射的脉冲超声波的波形,确定由传感器到路面或车辆表面的距离。

恒定频率超声波传感器利用多普勒效应测量车速,但其造价要高于脉冲超声波传感器。恒定频率超声波传感器采用高架安装,以 45°角正对驶来的车流。它有两个转换器:一个用于发射超声波,另一个用于接收超声波,检测接收超声波的频率变化以确定车辆是否通过。恒定频率超声波传感器内的电子系统,可产生脉冲宽度(脉冲持续时间)与被测车辆速度成正比的内部脉冲信号,经计算即可确定车速。超声波采集技术工作原理如图 2-6 所示。

由超声波传感器反射的脉冲能量波以已知且较小的角度被分为两束,通过测量车辆经过这两束波的时间即可确定车速。这种测距式脉冲超声波传感器的最佳安装位置是高架安装俯视车流或路旁安装侧视车流,如图 2-7 所示。

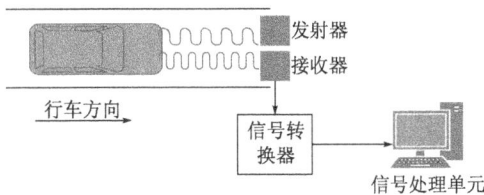

图 2-6　超声波采集技术工作原理

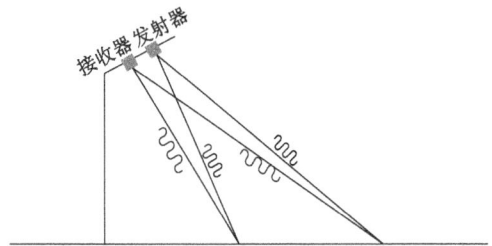

图 2-7　测距式脉冲超声波传感器

实施自动脉冲重复周期控制可减小多重反射脉冲波的影响,并能提高探测高速车辆的能力。在接收到路面反射的脉冲波后立刻反射下一个脉冲波,使脉冲重复周期尽可能短。较长的脉冲重复周期会降低高速公路上高速车辆占有率测量的效果,因为此时由传感器反射和接收的脉冲数相对车辆数太少。传感器还设有保持时间 $T_h$(不同的厂家从 115ms 到 10s 不等)以提高车辆出现的监测效果。由于温度变化及强烈的气流扰动会影响超声波传感器的性能,因此,许多型号内设有温度补偿装置。

（3）红外线检测技术

基于光学原理的车辆检测器使用于交通信息采集比较多的是红外线检测器,主要包括主动和被动两种类型,其中主动型被普遍采用。主动红外线检测器利用激光二极管发射具有一定能量的红外线,该红外线被经过检测区域的车辆反射,然后利用一个传感器接收反射后的红外线的能量,并对实时信号进行预处理,确定交通流量、车速等交通参数。但其检测效果受到网络中的检测器在空间布置密度的影响,如图 2-8 所示。

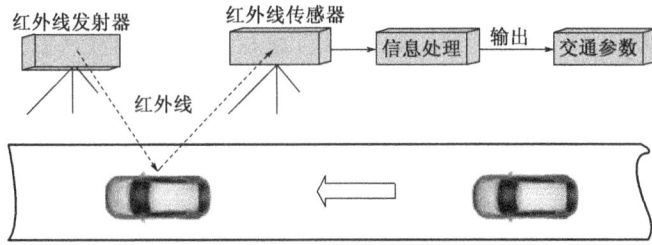

图 2-8 主动式红外线检测示意图

被动红外线检测器本身不发射红外线,而是接收来自两个来源的红外线。检测器监测范围内的车辆、路面及其他物体自身散发的红外线和它们反射的来自太阳的红外线。路面反射的红外线与车辆反射的红外线水平不同,被动红外检测器就是依据反射的灯外线水平来检测车辆的存在。

红外线检测器可安装在车道上方,也可安装在路旁,具有安装方便、维护成本低的特点,但易受气候等环境因素的影响。

(4)微波雷达采集技术

微波雷达采集技术的原理与超声波采集技术类似,运用到多普勒频移的理论,以测量速度为例:

$$f_d = f' - f_0 = \frac{2v}{c}f_0 \tag{2-2}$$

式中:$f_d$——多普勒频移,又叫多普勒频率;

$\quad f'$——反射信号的频率;

$\quad f_0$——波源产生的发射频率;

$\quad v$——运动物体的径向速度分量,当运动物体驶进波源时,$v$ 为正,当运动物体远离波源时,$v$ 为负;

$\quad c$——电磁波在空间的传播速度。

通过上式可求得:

$$v = \frac{c}{2f_0}f_d \tag{2-3}$$

由于 $c$ 和 $f_0$ 是已知量,显然运动物体的径向速度 $v$ 与 $f_d$ 成正比,测得 $f_d$ 即可求得目标物体的径向速度 $v$。

对于多普勒频率 $f_d$ 的测量,一般采用测频法,即给定一段时间 $T$ 作为标准时基,测量在标准时基内通过的多普勒信号的脉冲个数,其示意图如图 2-9 所示。

若在标准时基 $T$ 内测得有 $N$ 个脉冲,则多普勒频率 $f_d$ 为 $f_d = \frac{N}{T}$,即得到:

$$v = \frac{c}{2f_0} \cdot \frac{N}{T} \tag{2-4}$$

微波雷达采集技术使用微波检测器向行驶的车辆发射调频微波,波束被行驶的车辆阻挡而发生反射,反射波通过多普勒效应使频率发生偏移,根据这种频率的偏移可检测出由车辆通过,经过接收、处理、鉴频放大后输出一个检测信号,从而达到检测道路交通参数的目的。微波检测器根据多普勒相应进行车速测量。如图2-10所示,微波检测器从安装在道路上方的天线向道路上的检测区域发射具有能量的波,当一个车辆通过检测区域的时候,车辆的金属表面将一定比例能量波返回到道路上方的天线。返回波的能量进入做出检测决策的接收器中,即可检测出交通量、车速和占有率等交通参数。

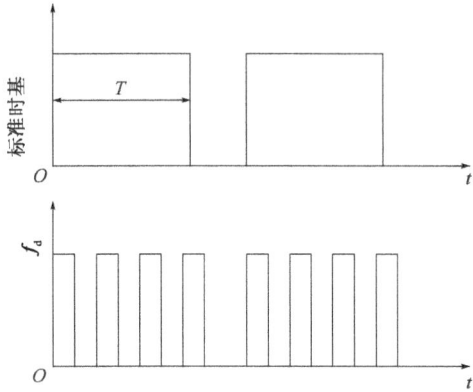

图2-9 测频法测速示意图

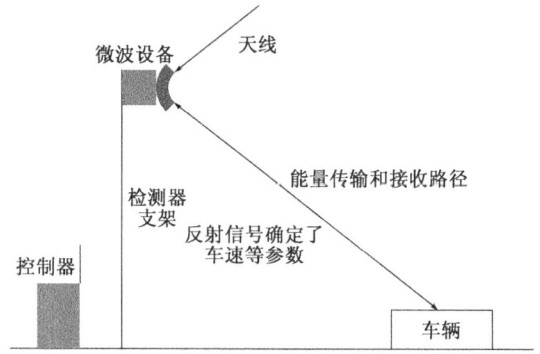

图2-10 微波检测器的系统原理图

微波雷达采集系统一般由微波检测器、固定支架、串口数据传输线和程序软件构成。检测车辆时,将微波检测器安装在道路上方或者侧上方的支架上,利用串口数据传输线将微波检测器与通信设备连接,然后利用软件对检测器进行初始化设置,就可检测到道路上的交通量、车速、占有率等参数。微波检测器采集系统与控制中心的主控机通过通信介质连接,主控机可发送命令,设置检测器的检测周期、检测参数等工作状态,并监测检测器故障;微波检测器则将采集到的交通数据,如交通量、占有率等传送至主控机,以便完成控制系统的信息存储、优化配置、方案选择和事件检测等功能,实现系统的最佳控制效果。

(5)视频采集技术

视频采集的工作以视频图像为分析对象,对所检测区域的背景图像的灰度值进行统计,将实际检测值与其进行比较判断车辆是否存在,其原理如图2-11所示。视频采集技术可统计单位时间内通过的车辆数与车辆存在时间所占比率,可以分别得到流量和占有率。

视频检测系统检测通过微机在显示器上设置虚拟的"车辆检测器"完成动态交通参数的采集。虚拟的"车辆检测器"可以是一条线或一个矩形区域。系统一旦设置了这些虚拟的检测区域,视频交通采集单元将会对所检测区域的背景图像的灰度值进行统计,根据检测目的设定阈值。视频检测器的设置如图2-12所示。

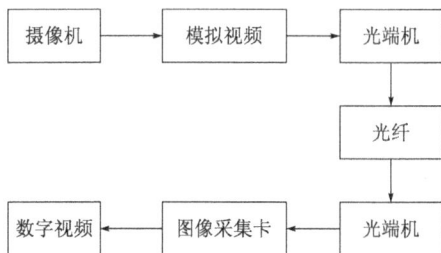

图2-11 视频检测器原理图

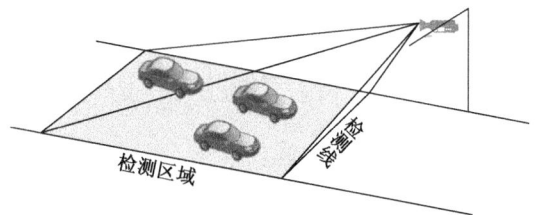

图2-12 视频检测器的设置

视频检测器的工作流程为:先确定一个背景灰度的阈值,当有车辆通过的时候,在显示终端上设定的检测线周围的灰度数值将会发生变化。将此时刻的图像灰度数值与预先确定的灰度阈值相比较,如果大于此阈值,表明有车辆通过,反之则表示没有车辆通过。用参数 $P_{At}$ 表示在检测点 $A$、时刻 $t$ 是否有车辆通过,即:

$$P_{At} = \begin{cases} 0 \\ 1 \end{cases} \tag{2-5}$$

当车辆 $i$ 通过检测区域的时候,检测区域的灰度数值的变化将会持续一段时间,即车辆 $i$ 在检测点 $A$ 的存在时间,记为 $t_{AOi}$,即:

$$t_{AOi} = t_{Aei} - t_{Abi} \tag{2-6}$$

式中: $t_{Aei}$——车辆 $i$ 完全离开检测点 $A$ 的时刻;

$t_{Abi}$——车辆 $i$ 开始进入检测点 $A$ 的时刻。

同时,可以得到交通量 $Q_A$,交通量 $Q_A$ 是单位时间 $T$ 内通过检测点 $A$ 的车辆总数:

$$Q_A = \sum_{t=1}^{T} P_{At} \tag{2-7}$$

也可以得到地点车速 $v_A$,已知车辆行驶方向上的虚拟矩形的间距为 $\Delta x$,假设车辆行驶过虚拟矩形共拍摄了 $N$ 幅图像,由于每幅图像的拍摄间隔为 $\Delta t$,计算过程为:

$$v_A = \frac{1000\Delta x}{3600N \cdot \Delta t} = \frac{5\Delta x}{18N \cdot \Delta t} \tag{2-8}$$

占有率 $Q_{AT}$ 也可得出,检测点 $A$ 的车辆占有率是在时间段 $t$ 内有车辆存在的时间所占的比率,计算方式为:

$$Q_{AT} = \frac{\sum_{i=1}^{Q_A} t_{AOi}}{t} \tag{2-9}$$

2)移动检测器采集(GPS 采集技术)

GPS 是一个能够实现全方位、实时定位和导航的卫星系统,在交通领域已得到越来越广泛的应用。基于 GPS 的交通信息采集技术,即 GPS 浮动车技术,指通过安装在车辆上的 GPS 接收模块接收 GPS 卫星信号,结合地理信息系统 GIS,从而得到车辆的相关实时信息,包括经度、纬度、时刻、速度等,进而实现车辆的定位、跟踪等功能。如果在多个车辆上安装 GPS 接收模块,通过这些车辆反馈回来的 GPS 信息,可实现路网交通流信息的采集。基于 GPS 浮动车的交通信息采集系统,通过对众多的车载 GPS 原始数据进行一系列的加工处理,进而估计道路网络中各路段的行程速度或行程时间数据。

而 GPS 的定位则根据高速运动的卫星瞬间位置作为已知的起算数据,采用空间距离后方交会的方法,确定待测点的位置。一般来讲,至少需要三颗卫星才能对地面上的 GPS 装置进行定位。定位成功以后,将计算的位置坐标与地面上的 GIS 预设坐标进行转换,实现 GPS 与地图的匹配,即可以求得车辆实际行驶的瞬时速度、行程时间、行驶距离和行程速度。GPS 采集系统主要由五部分组成,分别是车载 GPS 设备、差分基站、中继站、信息中心和 GPS 卫星系统。具体的工作原理和组成结构如图 2-13 所示。

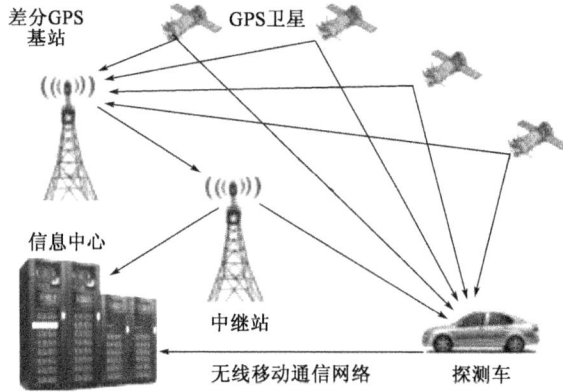

图 2-13　基于 GPS 交通信息采集系统示意图

基于 GPS 浮动车的交通信息采集方法大多涉及 GPS 数据预处理、地图匹配以及路段行程时间(或速度)估计三大部分。

首先对 GPS 数据进行预处理,采用门限技术识别有明显错误的数据,并将其剔除。瞬时速度与位置变化的阈值上限分别按照式(2-10)和式(2-11)计算:

$$v_{\max} = v_{\mathrm{hmax}} + \varphi \tag{2-10}$$

$$l_{\max}(t) = v_{\mathrm{hmax}}\{t(t) - t[t - n(t)]\} + 2R \tag{2-11}$$

式中:　　$v_{\max}$——GPS 野值的瞬时速度阈值上限;

　　　　$v_{\mathrm{hmax}}$——高速公路最高限速;

　　　　$\varphi$——GPS 瞬时速度误差;

　　$l_{\max}(t)$——当前 GPS 数据野值判断的位置变化阈值上限;

　　　　$t(t)$——当前 GPS 数据的定位时刻;

$t[t - n(t)]$——当前 GPS 的前一 GPS 数据的定位时刻;

　　　　$R$——置信水平条件下的 GPS 误差圆半径。

然后针对 GPS 浮动车在运行过程中可能存在路侧停车,以及离开道路网络运行的实际情况,对其运行状态进行识别,剔除浮动车的无效运行过程。考虑到 GPS 和 GIS 存在的误差,还需要进行快速地图匹配,保证车辆的有效定位点处于目标道路的合理位置,并提取单个浮动车的路段行程时间,据此估计交通流的平均行程时间。若能得到车辆经过路段边界的时刻,则终点边界时刻减去起点边界时刻即为路段行程时间,利用式(2-12)进行计算:

$$\bar{t}(t) = \frac{L(t)t[t - n(t)] + L[t - n(t)]t(t)}{L(t) + L[t - n(t)]} \tag{2-12}$$

式中:　　　　$\bar{t}(t)$——路段边界时刻;

$t(t)$、$t[t - n(t)]$——当前 GPS 数据与前一 GPS 数据的定位时刻;

$L(t)$、$L[t - n(t)]$——当前 GPS 数据及前一 GPS 数据与边界的距离。

根据以上描述,可以发现 GPS 浮动车技术具有不同于传统固定检测方法的突出特点:一是覆盖面广,采集范围不再仅仅是点、线,而是面;二是节省投资,浮动车系统通常结合调度和诱导系统建设,大大节省了投资;三是采集数据多样、准确,浮动车系统采集的路段平均车速、旅行时间对于了解道路运行状况、分析拥堵原因、提供交通诱导服务等都是非常关键的参数;四是适合用于实时的城市交通状态提取,基于浮动车采集的交通数据用于城市道路交通状态的识别,能够提高交通状态信息发布的准确性,提高交通信息服务水平,降低出行者的出行成本。

### 2.1.3 发展中的交通信息采集技术

1)基于手机定位的交通信息采集技术

由于手机市场渗透率的提高和手机无线定位技术的不断发展,交通领域的专家和学者考虑将手机作为安装在道路上的"探针"来进行交通信息的采集。这种采集技术的基本原理是通过车辆内部的手机,利用无线定位技术探测车辆的位置。交通信息中心通过移动中心获取车载手机的定位信息和时间数据,并将这些数据传入计算机后与 GIS 电子地图进行地图匹配,然后通过计算分析获得需要的交通信息。若给定的时段有多车辆经过特定路段,还可以获得该路段的平均行程速度和平均行程时间。国外的实验和仿真研究表明,尽管移动台定位精度低于全球卫星定位,但利用随车运动的移动台进行交通信息的采集是完全可行的。

(1)手机定位技术的系统构成

手机定位采集系统框架见图 2-14,其核心组成包括:

①基站,主要是 LMU(Location Measurement Unit)定位测量设备。

②第三方交通信息采集公司,包括通信服务器、安装有路段速度和行程时间计算的软件,为交通共有信息平台提供数据。

③移动定位中心,包括定位计算服务器、安装有基于到达时间(TOA)技术或者增强测量时间差(E-OTD)和 GPS 辅助等手机定位计算软件、匿名抽取网络上的手机用户信息软件等。

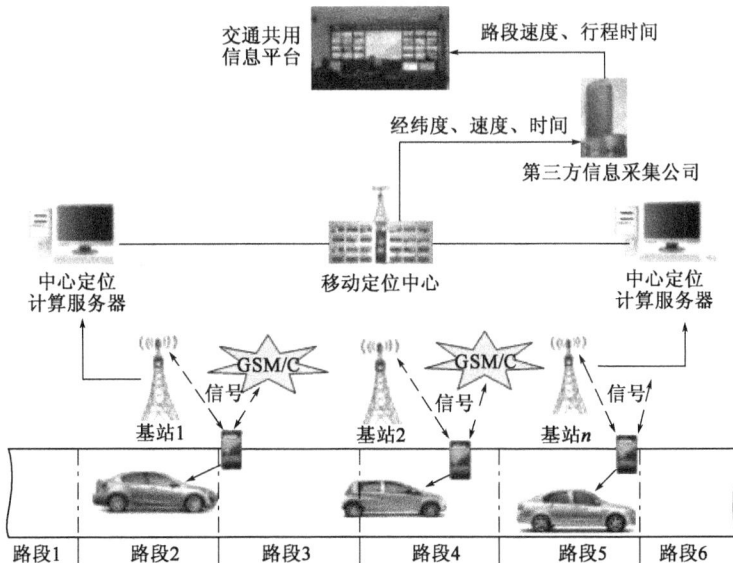

图 2-14　手机无线定位方法系统框架

（2）手机定位技术的迅速发展为其应用于交通数据采集提供基础

在美国国家安全行政要求和手机定位市场需求的双重动力驱动下,手机定位技术迅速发展、成熟。为了加强国家安全监控,美国联邦委员会FCC对网络运营商提出手机定位精度必须达到以下要求,如表2-1所示。

**联邦委员会对手机定位精度的要求**　　　　　　　　　　　　　表2-1

| 定位方式 | 67%的定位精度(m) | 95%的定位精度(m) |
|---|---|---|
| 基于手机终端(Handset based) | <50 | <150 |
| 基于网络(Network based) | <100 | <300 |

同时,无线定位服务(Location Based Services)有着较大的市场利润和商业空间,据相关统计数据,在2001年的无线定位服务(LBS)的市场价值为5亿美元。预计在未来几十年里将增长到360亿美元,市场潜力较大,这也推动各大无线运营商积极开发研究手机定位技术。手机定位技术的快速发展为其应用于交通数据采集提供了可能。

（3）手机定位技术的应用优势

相比较而言,手机定位应用于交通数据采集,其优点是利用移动运营商已有的通信设施,基础建设投资较小,可以采集路段行程时间、出行OD等多种交通数据,覆盖范围广,从技术层面角度分析,可实现信号覆盖的几乎全部区域的交通数据采集,采集数据量丰富。手机定位技术已有一定发展,目前相对比较热门的是手机切换定位技术。基于手机切换定位的路段行程车速采集技术核心是利用了手机切换的连续变化信息,技术总体框架包含五个步骤(图2-15)。

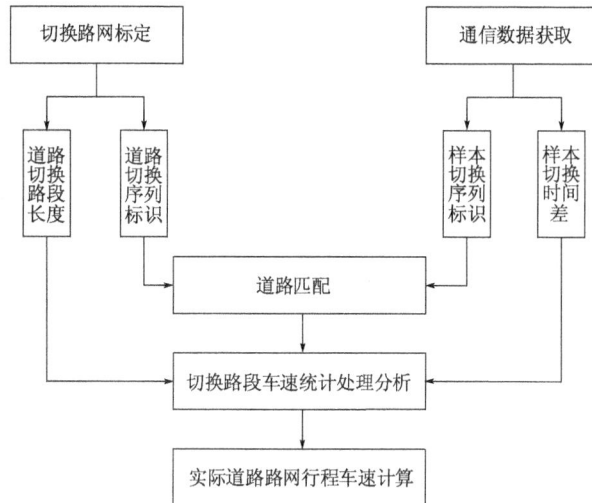

图2-15　基于手机切换定位的路段行程车速采集技术方法行程

①切换路网标定(道路切换序列标识、切换路段长度)。

②通信数据获取(各个手机样本的切换序列和切换时间差)。

③道路匹配(根据通信网络获取的切换序列将手机样本与道路切换序列标识进行对比,从而进行各个样本的道路匹配)。

④平均切换车速聚类区分与统计分析(结合各个手机样本的切换时间差和与之相匹配的切换路段长度,在一定时间间隔内进行统计分析得到计算周期内的平均切换车速)。

⑤路段行程车速计算(根据切换路段和实际路网路段的对应关系换算得到)。

(4)研究现状进展和主要困难

从手机定位技术应用于交通数据采集的实践来看,无论是各国开展的局部测试试验还是成熟的商业运营系统,目前仍然不多。因此,对技术的关键问题、交通数据的采集能力和适用范围等方面认识是国内外交通运输研究机构对手机定位技术应用于交通数据采集的关注焦点,在其投入正式运营之前需要对上述问题进行科学分析。政府出于服务城市居民的目的,试图充分发挥手机定位技术对交通数据采集的应用优势(基础建设投资小、覆盖范围广等),进行道路交通基础数据的采集和交通状态判定,进而构建城市的 ITS 平台,为公众提供出行信息等交通信息服务,但目前技术研究进展还存在两个方面的困难:

①通信运营商方面

手机定位技术的应用需要通信运营商的合作,在实际应用中,虽然已经尽量避免影响通信网络的正常运营,但仍然存在一定的增加通信网络系统负荷的风险,通信运营商针对此风险存在一定的顾虑。

②法律隐私方面

利用手机定位技术采集交通数据的同时也涉及个人隐私泄漏的问题。许多国家对于个人隐私的保护更是涉及法律层面,这也对手机定位技术的大规模应用产生了阻碍。目前的处理方式是:在手机数据从通信网络中心出来之前进行加密,过滤掉手机号码和个人姓名等相关信息,用一个加密后的序列码代替手机号码进行标识。

2)基于无人飞机的交通信息采集技术

(1)无人飞机交通信息采集技术

在大多数城市中,固定型交通检测器一般仅布设在快速路、主干路上,并且布设路段数量有限,易造成部分路段的交通信息缺失。在实际交通采集过程中,浮动车与手机数据的有效性和可靠性通常会受到抽样率的影响,抽样不足将降低数据的可信度。如何实时、准确、可靠地获取道路交通信息,是智能交通系统需要解决的关键技术,近年兴起的基于无人机的信息采集技术也成为热点之一。

无人驾驶飞机(Unmanned Aerial Vehicle,UAV),简称无人飞机,起源于军事领域,目前已在交通监控和信息采集、交通管理与控制、应急反应、自然灾害监控等领域得到了初步的应用。

无人飞机作为一种空中移动设备,利用其装载的摄像机与各类传感器,可实现对道路交通状况的实时监测。其侦测范围较广、机动灵活,一般在风力为正常等级时可持续飞行采集交通信息。通常,无人飞机数据采集系统主要由无人飞机、地面监控站和系统载体三部分组成。其中系统载体主要包括 GPS、传感器与摄像机等。无人飞机进行交通数据采集的工作原理如图 2-16 所示,交通信息采集步骤如下:

步骤1:确定无人飞机的飞行范围,在地面监控中心的地图上规划飞行路径,通过地面控制平台发送各种指令,利用数据通信模块与无人飞机进行信息交互,结合机内的自动控制系统完成无人飞机定高、定姿、定航线的飞行。

步骤2:无人飞机的传感接收器接收指令后沿着规划路径飞行,利用摄像机连续拍摄地面交通的视频图像,通过无线电传输 GPS 定位数据和视频图像至地面控制中心。

步骤3:地面监控站的数据处理模块完成对视频图像的处理,结合 GPS 定位数据分析各种交通参数。

步骤 3.1:进行视频图像的分割,利用全域动态补偿技术或其他图像处理技术完成对运动车辆的识别。

步骤 3.2:采用相关的算法实现对车辆的跟踪,结合交通分析方法,获得各种交通参数并分析交通状况。

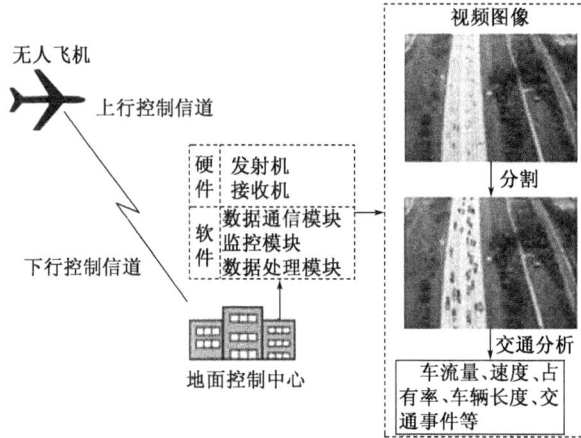

图 2-16　工作原理

(2)无人飞机技术的应用优势

无人飞机交通信息采集技术可以发挥其机动、灵活的优势,突破空间距离因素的制约,克服特殊地理与环境条件的影响。运用单 UAV 或多 UAV 组合的协作方式,结合视频图像处理技术,可获取交叉口或路段的流量、速度、占有率、车辆排队长度等交通信息。此外,还可通过实时的视频监控检测交通事件的发生。UAV 采集技术的环境适应性强,能够采集到广面域、多参数、宏微观兼具的交通信息,可为交通规划、交通仿真、交通控制等研究提供较好的信息源,并可与其他交通信息采集技术相结合,丰富现有的交通信息采集方法。

相比常规检测器,无人飞机采集的交通信息在时空分布上具有明显的差异,从时空抽样的角度看,无人飞机检测的交通信息时空覆盖率最高,提供的交通信息最为全面(图 2-17)。无人飞机通过对感兴趣区域的连续视频采集,可跟踪、检测单个车辆行人、自行车的空间位置和运行状态等微观交通信息,也可以采集交通流量、平均速度、交通密度等宏观交通信息。

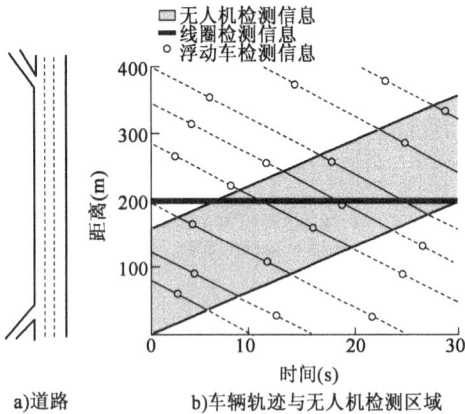

图 2-17　检测信息时空分布

未来的无人机交通信息采集的应用研究可能包括以下几点:

①UAV 侦察未布设交通检测设备的路段,如无交通检测设备的郊区和农村偏远地区道路,获取相应的交通信息。

②UAV 侦察已布设交通检测设备的路段,融合地空交通检测设备采集的交通信息,包括增加交通参数的种类、提高交通流参数的检测精度、更新和调整交通 OD 等。

③以地面交通检测设备为基础,判断城市快速路、主干路与高速公路等是否发生交通事件,或以 UAV 为验证手段,确认交通事件的发生地点和持续影响时间,提高交通事件的检测精度和应对能力。

## 2.2 交通信息数据类型与特性分析

### 2.2.1 基本数据类型与特性分析

1)感应线圈采集的数据

环形线圈车辆检测器是使用最广泛、技术成熟、效果也比较理想的交通流检测装置。它能提供地点交通信息参数,包括特定地点交通的实时交通量、平均速度、车道占有率等数据。实际数据采集过程中,检测系统多是以间断连续的形式向数据中心发送交通流运行信息的数据,具体应用中采样周期通常根据其具体需要进行调整。如表 2-2 所示,我国某城市道路感应线圈车辆检测系统所提供的部分时段的路网交通数据,包括检测器编号、日期、时间,交通流量、平均速度和占有率。其中,交通流量是指感应线圈车辆检测设备在固定采集周期记录的机动车辆数;平均速度是指感应线圈车辆检测设备在固定采集周期记录的所有机动车地点速度的平均值;占有率是指感应线圈车辆检测设备在固定采集周期记录的所有机动车占用的时间和与固定采集周期的比值。

**感应线圈检测数据示例**　　　　　　　　　　　　　　　　　　表 2-2

| 检测器编号 | 日　　期 | 时　　间 | 交通流量(辆/h) | 平均速度(km/h) | 占 有 率（%） |
|---|---|---|---|---|---|
| NBDX10(1) | 2008/9/8 | 9:00:00 | 136 | 54.73 | 15.87 |
| NBDX10(1) | 2008/9/8 | 9:05:20 | 120 | 57.85 | 13.07 |
| NBDX10(1) | 2008/9/8 | 9:10:20 | 127 | 58.28 | 13.33 |
| NBDX10(1) | 2008/9/8 | 9:15:20 | 123 | 59.72 | 12.60 |
| NBDX10(1) | 2008/9/8 | 9:20:20 | 128 | 56.30 | 14.60 |
| NBDX10(1) | 2008/9/8 | 9:25:20 | 135 | 55.26 | 15.07 |
| NBDX10(1) | 2008/9/8 | 9:30:20 | 133 | 55.66 | 15.2 |
| NBDX10(1) | 2008/9/8 | 9:35:20 | 134 | 55.52 | 14.60 |
| NBDX10(1) | 2008/9/8 | 9:40:20 | 142 | 54.85 | 15.67 |
| NBDX10(1) | 2008/9/8 | 9:45:20 | 145 | 54.32 | 16.20 |
| NBDX10(1) | 2008/9/8 | 9:50:20 | 135 | 53.46 | 15.33 |
| NBDX10(1) | 2008/9/8 | 9:55:20 | 143 | 56.63 | 15.13 |

2)微波采集的数据

采集的微波检测器数据的字段信息包含:POSID、DATE、TIME、LANENO、VOLUME、SPEED、OCCUPANCY 以及 VOLLONG,如表 2-3 所示。

微波检测器数据       表2-3

| 序号 | POSID | DATE | TIME | LANENO | VOLUME（辆） | SPEED（km/h） | OCCUPANCY（%） | VOLLONG（辆） |
|---|---|---|---|---|---|---|---|---|
| 1 | 3054 | 2006/11/30 | 7:01:01 | 1 | 44 | 11 | 67 | 20 |
| 2 | 3054 | 2006/11/30 | 7:01:01 | 2 | 40 | 12 | 49 | 16 |
| 3 | 3054 | 2006/11/30 | 7:01:01 | 3 | 46 | 15 | 46 | 20 |
| 4 | 3054 | 2006/11/30 | 7:01:01 | 11 | 53 | 59 | 13 | 0 |
| 5 | 3054 | 2006/11/30 | 7:01:01 | 12 | 49 | 53 | 16 | 2 |
| 6 | 3054 | 2006/11/30 | 7:01:01 | 13 | 38 | 51 | 10 | 1 |
| 7 | 3054 | 2006/11/30 | 7:03:01 | 1 | 49 | 14 | 61 | 10 |
| 8 | 3054 | 2006/11/30 | 7:03:01 | 2 | 50 | 23 | 31 | 13 |
| 9 | 3054 | 2006/11/30 | 7:03:01 | 3 | 40 | 63 | 27 | 15 |
| 10 | 3054 | 2006/11/30 | 7:03:01 | 11 | 55 | 52 | 18 | 2 |
| 11 | 3054 | 2006/11/30 | 7:03:01 | 12 | 49 | 42 | 22 | 3 |
| 12 | 3054 | 2006/11/30 | 7:03:01 | 13 | 40 | 41 | 18 | 13 |
| 13 | 3054 | 2006/11/30 | 7:05:01 | 1 | 48 | 19 | 43 | 9 |
| 14 | 3054 | 2006/11/30 | 7:05:01 | 2 | 44 | 49 | 30 | 6 |
| 15 | 3054 | 2006/11/30 | 7:05:01 | 3 | 34 | 42 | 25 | 10 |
| 16 | 3054 | 2006/11/30 | 7:05:01 | 11 | 46 | 50 | 15 | 2 |
| 17 | 3054 | 2006/11/30 | 7:05:01 | 12 | 53 | 43 | 21 | 3 |
| 18 | 3054 | 2006/11/30 | 7:05:01 | 13 | 35 | 41 | 12 | 2 |
| 19 | 3054 | 2006/11/30 | 7:07:01 | 1 | 41 | 64 | 14 | 1 |
| 20 | 3054 | 2006/11/30 | 7:07:01 | 2 | 38 | 69 | 12 | 2 |
| 21 | 3054 | 2006/11/30 | 7:07:01 | 3 | 25 | 41 | 10 | 2 |
| 22 | 3054 | 2006/11/30 | 7:07:01 | 11 | 55 | 50 | 18 | 3 |

其中 POSID 表示检测断面编号,它表示该检测断面所在位置;DATA&TIME 表示检测数据2m 统计周期结束时的时间;LANENO 表示车道号,1、2、⋯⋯为外环或由东向西或由南向北的车道,11、12、⋯⋯为内环或由西向东或由北向南的车道,1 和 11 是靠近中心隔离带的车道;VOLUME 表示 2m 内通过的车辆数;SPEED 表示 2m 内通过车辆的平均速度,单位为 km/h;OCCUPANCY 表示 2m 内的时间占有率,单位为%;VOLLONG 表示 2m 内通过的大车数。

3）视频采集的数据

采集到的视频检测器数据的字段信息包括:ID、USECTION、UTIME、DSECTION、DTIME、TRAVELTIME、LICENCE、COLOR 以及 SPEED,具体如表2-4所示。

视频检测器数据       表2-4

| ID | USECTION | UTIME | DSECTION | DTIME | TRAVELTIME（s） | LICENSE | COLOR | SPEED（km/h） |
|---|---|---|---|---|---|---|---|---|
| 1282 | 大体天桥 | 9:30:06 | 联想桥西天 | 9:32:27 | 141 | | 蓝色 | 40.49 |
| 1759 | 大体天桥 | 9:30:09 | 联想桥西天 | 9:32:24 | 135 | | 蓝色 | 42.29 |

续上表

| ID | USECTION | UTIME | DSECTION | DTIME | TRAVELTIME (s) | LICENSE | COLOR | SPEED (km/h) |
|---|---|---|---|---|---|---|---|---|
| 1906 | 大体天桥 | 9：30：11 | 联想桥西天 | 9：32：38 | 147 | | 蓝色 | 38.84 |
| 478 | 大体天桥 | 9：30：12 | 联想桥西天 | 9：32：20 | 128 | | 蓝色 | 44.61 |
| 1702 | 大体天桥 | 9：30：12 | 联想桥西天 | 9：32：41 | 149 | | 蓝色 | 38.32 |
| 1050 | 大体天桥 | 9：30：15 | 联想桥西天 | 9：32：22 | 127 | | 蓝色 | 44.96 |
| 1963 | 大体天桥 | 9：30：19 | 联想桥西天 | 9：33：21 | 182 | | 蓝色 | 31.37 |
| 2007 | 大体天桥 | 9：30：19 | 联想桥西天 | 9：32：17 | 118 | | 蓝色 | 48.39 |
| 1277 | 大体天桥 | 9：30：20 | 联想桥西天 | 9：32：29 | 129 | | 蓝色 | 44.26 |
| 1754 | 大体天桥 | 9：30：20 | 联想桥西天 | 9：33：17 | 177 | | 蓝色 | 32.26 |
| 517 | 大体天桥 | 9：30：22 | 联想桥西天 | 9：33：11 | 169 | | 蓝色 | 33.78 |
| 1934 | 大体天桥 | 9：30：22 | 联想桥西天 | 9：32：30 | 128 | | 蓝色 | 44.61 |
| 2110 | 大体天桥 | 9：30：29 | 联想桥西天 | 9：32：55 | 146 | | 蓝色 | 39.11 |
| 1799 | 大体天桥 | 9：30：33 | 联想桥西天 | 9：32：50 | 137 | | 蓝色 | 41.68 |
| 2041 | 大体天桥 | 9：30：42 | 联想桥西天 | 9：33：51 | 189 | | 蓝色 | 30.21 |
| 1025 | 大体天桥 | 9：30：44 | 联想桥西天 | 9：33：43 | 179 | | 蓝色 | 31.90 |
| 851 | 大体天桥 | 9：30：56 | 联想桥西天 | 9：33：35 | 159 | | 蓝色 | 35.91 |
| 1071 | 大体天桥 | 9：31：02 | 联想桥西天 | 9：34：02 | 180 | | 蓝色 | 31.72 |
| 1032 | 大体天桥 | 9：31：05 | 联想桥西天 | 9：33：56 | 171 | | 蓝色 | 33.39 |
| 1757 | 大体天桥 | 9：31：08 | 联想桥西天 | 9：33：42 | 154 | | 蓝色 | 37.08 |
| 616 | 大体天桥 | 9：31：21 | 联想桥西天 | 9：34：14 | 173 | | 蓝色 | 33.00 |
| 863 | 大体天桥 | 9：31：28 | 联想桥西天 | 9：34：33 | 185 | | 蓝色 | 30.86 |
| 1190 | 大体天桥 | 9：31：30 | 联想桥西天 | 9：34：36 | 186 | | 蓝色 | 30.70 |
| 848 | 大体天桥 | 9：31：31 | 联想桥西天 | 9：34：40 | 189 | | 蓝色 | 30.21 |

其中,ID 是系统给予的一个编号,没有实际意义;USECTION 表示第一个拍摄地点;UTIME 表示该车辆通过第一个拍摄地点的时刻;DSECTION 表示该辆车通过第二个拍摄地点;DTIME 表示该车辆通过第二个拍摄地点的时刻;TRAVELTIME 表示该辆车通过两个拍摄地点间道路的时间,单位是 s;LICENCE 表示车牌号码;COLOR 表示车辆颜色;SPEED 表示该辆车在两个拍摄地点间的平均速度,单位为 km/h。

4)GPS 浮动车采集的数据

GPS 浮动车技术是通过行驶在交通流中的车辆上安装的辅助仪器和其他远程传感设备,在不妨碍车辆本身运行目的的情况下,实时采集道路交通流信息的移动采集技术。即通过已安装的卫星定位、蜂窝无线定位等车载装置和无线通信设备,实时采集车辆的信息(如时间、速度、坐标、方向等参数)并传输到浮动车交通信息中心的动态交通信息采集方式。以出租车为例,为方便管理,传输的信息中包括出租车车牌号,传输的每条信息具有以下内容:

(1)车辆 ID。

(2)汇报时间(GPS 时间)。

（3）位置（经度、纬度）。

（4）行驶速度、行驶方向。

（5）空车/载客状态。

（6）车载时间：出租车车载系统采集到该车辆位置的时间。

为方便运算及存储，对每一个浮动车数据包的序列、格式等做统一处理。数据格式如表2-5所示。

浮动车 GPS 数据包数据格式        表2-5

| 序　号 | 存 储 标 注 | 字　节 | 备　　注 | 格 式 示 例 |
|---|---|---|---|---|
| 1 | Version No. | 2 | v + Version Number 1~9 | v1 |
| 2 | Taxi No. | 7 | 浮动车车牌号 | 川 A TA230 |
| 3 | Longitude | 9 | 经度（十进制 DDD 格式） | 104064592 表示<br>东经　104.064592° |
| 4 | Latitude | 8 | 纬度（十进制 DDD 格式） | 30600470 表示<br>北纬　30.600470° |
| 5 | Speed | 3 | 车速 | 000~999（m/s） |
| 6 | Direction | 3 | 行车方向（正北为0，顺时针） | 000~359° |
| 7 | Taxi Status | 1 | 载客或空车 | 0（空车）/ 1（载客） |
| 8 | GPS Status | 1 | 是否使用 GPS 装置 | 0（未用）/ 1（启用） |
| 9 | GPS Time | 14 | GPS 上传时间 | 20120401101311 表示<br>2012 年 4 月 1 日<br>10 点 13 分 11 秒 |

5）手机定位采集的数据

（1）数据展示

原始的手机数据展示如表2-6所示。

手机原始数据展示        表2-6

| IMSI | BSC | 第一 PSMM<br>导频1小区标识 | 第一 PSMM<br>导频1扇区标识 | 呼 叫 标 志 | 接入时刻秒数 |
|---|---|---|---|---|---|
| 460030256461007 | 10 | 587 | 1 | 2 | 2013/08/17<br>00:13:34 |
| 460036735191790 | 10 | 551 | 0 | 0 | 2013/08/17<br>00:13:22 |
| 460036070611936 | 17 | 1085 | 0 | 0 | 2013/08/17<br>00:05:57 |
| 460036735493209 | 17 | 0 | 0 | 0 | 2013/08/17<br>00:06:25 |
| 460030957917235 | 17 | 1168 | 1 | 1 | 2013/08/17<br>00:04:44 |
| 460030950577957 | 17 | 0 | 0 | 0 | 2013/08/17<br>00:06:25 |

续上表

| IMSI | BSC | 第一PSMM<br>导频1小区标识 | 第一PSMM<br>导频1扇区标识 | 呼叫标志 | 接入时刻秒数 |
|---|---|---|---|---|---|
| 460030710150311 | 17 | 0 | 0 | 1 | 2013/08/17<br>00:06:24 |
| 460030715107792 | 17 | 0 | 0 | 1 | 2013/08/17<br>00:06:24 |
| 460030256120294 | 17 | 1105 | 1 | 0 | 2013/08/17<br>00:05:11 |
| 460030537193071 | 17 | 1254 | 0 | 0 | 2013/08/17<br>00:06:29 |
| 460030227943392 | 17 | 1151 | 1 | 0 | 2013/08/17<br>00:05:24 |

由原始的手机数据表可以看出手机数据记录的情况,数据包括了用户的 IMSI 编号、用户产生通话记录的时间和所处的基站标识。

(2)数据类型说明

如表 2-7 所示,数据共有 6 个字段,"IMSI"字段唯一的标定一个用户,BSC、CELL、SECTOR(基站编号、第一 PSMM 小区标识、第一 PSMM 扇区标识)字段用来确定用户该时刻在空间上处于哪一个基站小区的范围内,FLAG(呼叫标识)是对用户呼叫状态的说明,TIME(接入时刻秒数)是用户处于呼叫状态的时间,这个字段包括年月日时分秒的数据。

原始手机数据说明 表 2-7

| 类型 | IMSI | BSC | CELL | SECTOR | FLAG | TIME |
|---|---|---|---|---|---|---|
| 意义 | 用户 SIM<br>卡 ID | 基站编号 | PSMM<br>小区标识 | PSMM<br>扇区标识 | 呼叫标识,包括:0-主叫,1-被叫,2-硬切换,3-无效值 | 接入时刻<br>秒数 |
| 说明 | 可以唯一<br>地标定一<br>个用户 | BSC-CELL-SECTOR 是从大到小的分层关系,可用来确定用户在空间上所处的位置 | | | 对用户呼叫状态的说明 | 包括年月<br>日时分秒 |

国际移动用户识别码(IMSI:International Mobile Subscriber Identification Number)是区别移动用户的标志,储存在 SIM 卡中,可用于区别移动用户的有效信息。其总长度不超过 15 位,同样使用 0~9 的数字。其中 MCC 是移动用户所属国家代号,占 3 位数字,中国的 MCC 规定为 460;MNC 是移动网号码,由两位或三位数字组成,中国移动的移动网络编码(MNC)为 00,用于识别移动用户所归属的移动通信网;MSIN 是移动用户识别码,用以识别某一移动通信网中的移动用户。

### 2.2.2　大数据应用特性

交通信息采集技术发展迅速,各种交通信息检测器获取的交通数据种类多样、数量庞大,由于城市交通发展的需要,多源检测器同时检测交通信息已成为一种趋势和需要,由此产生了大量的交通数据,最终形成交通信息采集方面的大数据。通常来说,大数据是指数据量超过一定大小,导致常规软件无法在一个可接受的时间范围内完成对其进行抓取、管理和处理工作的数据。(刘军. Hadoop 大数据处理. 北京:人民邮电出版社,2013)。大数据具有四个层面的特点:第一,数据体量巨大,从 TB 级别跃升到 PB 级别(1PB = $10^3$TB = $10^{15}$B);第二,数据类型多样,包括网络日志、视频、图片、地理位置信息等;第三,价值密度低,以交通视频为例,连续不断的监控过程中,可能真正需要调取的有用数据只有一两秒的视频;第四,处理速度快,一般在秒级时间范围内给出分析结果,同时来源广泛、特征多样和增长速度快(唐要安. 大数据在交通工具中的应用[J]交通世界,2013 年 12 期)。因此,大数据处理也称之为现代数据处理,其主要处理基础构架为:数据集成、文件存储、数据存储、数据计算、数据分析、平台管理。如图 2-18所示。

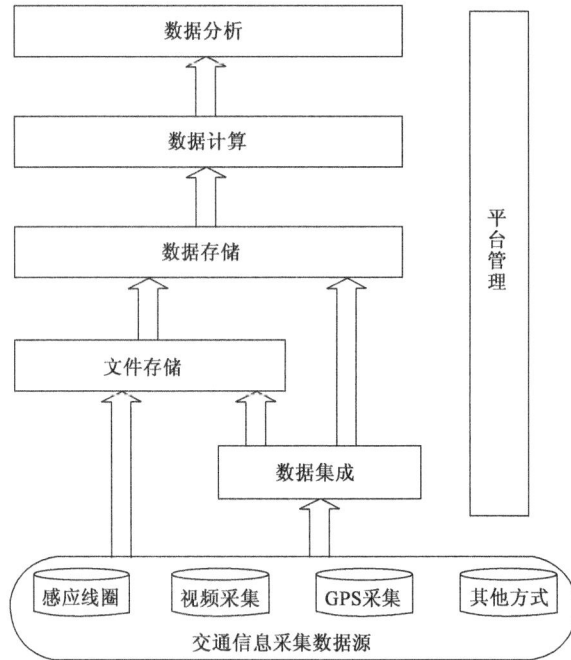

图 2-18  大数据处理过程结构图

其中,文件存储时大数据处理的基本单元需具备快速、可靠的文件访问能力;数据存储则是大数据处理的高级单元,存储具有特定数据模型的数据集合,并可提供增加、删除、修改数据的能力;数据集成则将不同来源、不同格式、不同性质的数据在逻辑上或物理上进行有机集中,以便文件的存储和数据的存储;数据计算是大数据处理的核心,借助管理平台的计算资源进行特定的数据计算;数据分析是帮助数据用户从繁杂的大数据中提取科学的内在规律和有效信息;平台管理则是指大数据处理过程的载体和运行环境,通常规模庞大且由众多服务器构成。

而数据的计算与分析是从交通采集的大量数据中提取出有效的数据和摸索出其中数据规律的关键。因此,对交通采集数据的处理首先是将数据进行统计分析,将海量的来自前端的数据快速导入一个集中的大型分布式数据库或者分布式存储集群,利用分布式技术来对存储于其内的集中的海量数据进行普通的查询和分类汇总等,以此满足大多数常见的分析需求;接着就是数据挖掘,即基于前面的查询数据进行数据挖掘,来满足高级别的数据分析需求,该过程算法复杂,并且计算涉及的数据量和计算量都很大。

所以,在大数据的处理与分析过程中,首先要借助大量的现代技术和软件,例如云计算技术为数据挖掘提供运行环境,为高效海量数据挖掘带来可能性;其次,部分的开源工具,如 Ha-doop(Map Reduce 技术)和批量流计算(Twitter 的 Storm 技术)等(王星,等. 大数据分析:方法与应用[M].北京:清华大学出版社,2013)使得大数据的处理变得越发高效。因而,现如今的交通数据的处理,就是要借助于大量的现代大数据的处理技术和方法,使得大量的交通数据能综合有效利用起来。

# 2.3 交通信息处理方法

## 2.3.1 信息的预处理

由于传感器自身性能上的缺陷以及外界环境的干扰,很难保证传感器采集到的数据都是正确的,而不正确的数据将会对后续的数据处理造成直接影响。因此,在对传感器数据进行融合之前,要对原始数据进行预处理,主要包括异常交通信息的识别与剔除、缺失交通信息的修复。

1)异常交通信息识别与剔除

异常交通信息(坏值)是指用测量的客观条件不能解释的明显偏离测量总体的个别测量值。异常值只是虚假的,偶然出现的,带有随机性,并会直接影响数据总体的正确性,在多传感器测量中,出现异常值的主要原因是传感器故障,以及出现概率极小但作用较强的偶发性干扰等。

剔除异常数据有很多方法,下面介绍常用的几种,并分析各种方法对于异常交通信息处理的适用性。

(1)阈值法

有些交通参数的合理值只存在于一个特定的范围内,例如:某一车道的占有率最大为100%,最小为0,如果检测器输出的结果不在这个范围内,那肯定是异常值。阈值法就是对检测器所采集的某种单一信息(如流量和占有率等)按照统计规律确定其上下阈限,如果检测值不在上下阈限所规定的区间内,则认为是异常数据。进行异常交通信息识别时,应根据不同道路的等级、控制类型及相关的交通参数确定每类检测器数据的合理阈值。下面给出占有率 $O_d$、速度 $v_d$、流量 $q_d$、道路拥挤长度 $l_c$、行程时间 $t_p$ 的合理阈值。

①占有率 $O_d$:

$$0 \leqslant O_d \leqslant 100\% \tag{2-13}$$

②速度 $v_d$(km/h):

$$0 \leqslant v_d \leqslant f_v \cdot v_m \tag{2-14}$$

式中:$f_v$——修正系数,一般取 1.3~1.5;

$v_m$——路段规定的限制速度(km/h)。

车辆速度的检测是在一个极短的时间内完成的,由于测量中可能出现的随机误差以及超速现象的存在,有必要对 $v_m$ 进行修正。

③流量 $q_d$（veh）：

$$0 \leqslant q_d \leqslant f_c \cdot C \cdot \frac{T}{60} \tag{2-15}$$

式中：$f_c$——修正系数，一般取 1.3 ~ 1.5；

    $C$——道路通行能力（veh/h）；

    $T$——数据检测的时间间隔（min）。

基于固定型检测器的车辆计数是在一个相当短的时间内完成的（数十秒或数分钟），所以测得的交通流量可能会在短时间内大于道路通行能力，因此，用 $f_c$ 来修正流量的最大值。

④道路拥挤长度 $l_c$（m）。

道路拥挤长度是指浮动车以低于拥挤状态临界速度连续行驶过的距离。

$$0 \leqslant l_c \leqslant l + \varepsilon_l \tag{2-16}$$

式中：$l$——路段长度（m）；

    $\varepsilon_l$——路段长度测量所产生的最大误差，有时也可定义为路段长度的函数。

⑤行程时间 $t_p$（s）。

行程时间 $t_p$ 的最小值定义为在自由流状态下，车辆以最大的合理速度行驶通过特定路段所用的时间，最大值则因道路等级、控制类型、道路交通状态的不同而取不同值。

阈值法计算简单，适合在线计算，但它只是一个初步的筛选，异常数据的剔除率比较低，也就是说，落在阈值规定区域内的数据并不一定是正确数据。但是，阈值法可以把明显不正确的数据剔除掉，这样对后续的剔除处理比较有利，可以减少计算量，加快处理速度。因此，为了更可靠地剔除不良数据，应该把阈值法和其他方法结合起来，在经过阈值筛选之后，再进行更严格的筛选。

（2）交通流机理法

基本交通流参数之间有着紧密的联系，其中最基本的是流量、速度及密度之间的关系。基于交通流机理的算法是通过交通流参数之间的关系对两个甚至多个参数的一致性同时进行考察。根据交通流参数之间的相关关系来进行异常值剔除，主要包括基于交通流规则的算法和基于交通流区域的算法。

交通流规则算法是根据交通流机理确定几个规则，如果检测数据满足这些规则中的一个或几个，那么这些数据就是错误的。比如，规则可以是：平均占有率为0，而流量不为0；流量为0，而平均占有率不为0，符合这两个规则任何一个的数据显然是错误的。但这只是最基本的规则，根据交通流理论可以建立某两参数之间的关系模型，如流量和占有率、流量和速度、行程时间和拥挤长度等。

①流量 $q_d$ 和占有率 $O_d$ 关系模型：

$$a \cdot O_d^2 + b \cdot O_d - k_s \cdot \sigma_s \leqslant q_d \leqslant a \cdot O_d^2 + b \cdot O_d + k_s \cdot \sigma_s \tag{2-17}$$

式中：$a$、$b$——模型的参数，可由历史数据回归分析得到；

    $\sigma_s$——流量的标准偏差；

    $k_s$——标准偏差的修正系数。

②流量 $q_d$ 和速度 $v_d$ 关系模型：

$$\frac{1}{a\left(1 - \dfrac{q_{d}}{C}\right)} + \frac{f \cdot b}{1 - \dfrac{q_{d}}{\lambda S}} - k_{v} \cdot \sigma_{v} \leqslant \frac{1}{v_{d}} \leqslant \frac{1}{a\left(1 - \dfrac{q_{d}}{C}\right)} + \frac{f \cdot b}{1 - \dfrac{q_{d}}{\lambda S}} + k_{v} \cdot \sigma_{v} \qquad (2\text{-}18)$$

式中：$a$、$b$——模型参数；

$\quad f$——每公里道路信号交叉口数；

$\quad \lambda$——绿信比，$\lambda = g/c$；

$\quad S$——饱和流率；

$\quad \sigma_{v}$——速度的标准差；

$\quad k_{v}$——标准偏差的修正系数。

③行程时间 $t_{p}$ 和拥挤长度 $l_{c}$ 关系模型：

$$\frac{l}{a_{1} \cdot \dfrac{N_{1} \cdot l_{c}}{C} + a_{2} \cdot \dfrac{l - l_{c}}{v_{m}} + a_{3}} - k_{a} \cdot \sigma_{a} \leqslant \frac{1}{t_{p}} \leqslant \frac{l}{a_{1} \cdot \dfrac{N_{1} \cdot l_{c}}{C} + a_{2} \cdot \dfrac{l - l_{c}}{v_{m}} + a_{3}} + k_{a} \cdot \sigma_{a}$$

$$(2\text{-}19)$$

式中：$a_{1}$、$a_{2}$、$a_{3}$——模型参数；

$\quad \sigma_{a}$——主干道上浮动车数据的标准偏差；

$\quad k_{a}$——标准偏差的修正系数；

$\quad N_{1}$——主干道上车道数。

这种算法的关键是规则的制定和规则中参数的确定。在不同交通环境下，两个参数之间的关系模型可能不相同，模型中的参数也需要根据交通特性、道路等级及交通控制类型等确定。

交通流区域算法，是把 $q\text{-}k$ 曲线所覆盖的区域作为正确数据所在的区域，落在这个区域之外的数据即错误数据。同样，确定这个区域需要更多的参数，而且对于不同地点，这些参数都不相同。

交通流机理算法，适合于检测器能够同时检测到各种有相关关系的交通参数的情况。规则条件是根据历史数据得到的，因此，在进行条件设定时，需要做大量的事前工作，并且这种条件还会随着交通状况的变化而定期进行修订。因此，这种方法比较适合于交通状况变化不大，并且检测器能检测到流量、速度、密度等参数值的情况。

（3）其他方法

阈值和交通流机理结合的算法，综合利用阈值法和交通流机理法。首先采用阈值法剔除不合理的数据，然后用交通流机理算法对剩余数据做一致性检验。这样错误数据剔除率会大大提高。

置信距离检验法，也叫"决策距离"比较。该算法对于来自同一断面的多传感器检测的同一参数，按照一致性融合的思路，先求"决策距离"，寻找最大传感器连接组，再求最优融合解，得出最终结果。这种方法的基本思路是：把互相支持的数据进行融合，而不支持的数据说明这个值特异，则不把它融合进最后的输出结果。因为多个检测器得到的数据有不确定性存在，必须在不同的检测器中找到一定的关系，一些测量被判定为不正确的话，就不能作为融合的数据,如果检测器数据互相接近,就可以把它们融合在一起。

聚类算法,将类似的值组织成群或"聚类",直观地看,落在聚类集合之外的值被视为孤立点。采用有序样本聚类算法时,可以把一天的流量曲线、占有率曲线和速度曲线分成许多小的具有相同交通特性的时间段,然后在这些小的时间段中根据其交通特点来定位隐含的错误或可疑数据。这种方法应用的前提是事先必须有一个数据序列,然后对这个数据序列进行聚类分析计算,之后得出聚类的结果。因此,这种方法比较适合于离线处理,并不适合在线处理。

通过对前面几种算法的介绍和分析,可以发现,阈值法和交通流机理法能够适应交通信息实时处理的需求,比较适合作为基础交通信息的预处理方法,而置信区间法和聚类算法由于其算法自身的特点更适合离线处理,不适合作为基础交通信息的预处理方法。

为了提高交通异常信息的剔除效率和质量,本书考虑采用"阈值—交通流机理"组合算法,采用这种组合算法处理后的数据足以满足交通信息进一步融合处理所需要的数据精度。该算法根据交通流的实际情况判断采集到的数据是否合理,是一种简单实用的算法,同时,这种算法运算速度快,可以满足交通信息预处理的实时性要求。

2)缺失交通信息修复

由于检测器故障或其他原因造成数据缺失时有发生,对缺失数据进行补充是交通信息预处理不可缺少的一部分。缺失交通信息修复的基本思想是利用历史数据,考虑或不考虑其与实时数据的相关关系,采用统计学原理补充缺失数据。由于需要实时补充,故宜采用一些简单常用的方法。这里介绍几种常用的数据修复方法,并分析其对交通信息修复的适用性,以最终确定本课题采用的修复方法。

(1)历史均值法

直接采用或者按比例采用历史上相应时刻的数据值代替丢失的数据。这种方法简单、易实现,但是如果交通状况发生了变化,将大大降低其估计精度。因此,这种方法比较适合于交通状况变化不大,或者变化有规律的情况。

(2)车道比值法

根据历史统计的车道之间的流量比值,对丢失的车道数据进行估计。这种方法结合了历史统计规律和当前流量数据,精度比较高。这种方法适合于流量比较大,交通状况比较稳定的情况。

(3)时间序列法

把采集到的交通变量看作时间序列,运用各种时间序列预测方法,比如:简单平均、加权平均、指数平滑等方法,根据历史数据对丢失的数据进行预测估计。这种方法简单易行,适应性比较强,是一种常用的缺失数据补充算法。

时间序列法有许多改进的算法。其中一种就是采用历史趋势数据与实时数据的加权估计值 $\hat{y}_f(t)$ 进行修复,$\hat{y}_f(t)$ 的计算公式如下:

$$\hat{y}_f(t) = \alpha \cdot y(t-1) + (1-\alpha)y^{k-1}(t) \tag{2-20}$$

式中:$\alpha$——加权系数,体现了 $(t-1)$ 时段的实测数据 $y(t-1)$,以及历史趋势数据 $y^{k-1}(t)$ 在数据修复当中所起的作用。

这种方法采用实测数据和历史趋势数据的加权结果,既考虑到实际情况中前一时段交通状态对后一时段状态的影响,同时,历史趋势数据的使用又能减少实际道路交通中随机波动的影响,修复的结果既稳定又可靠。

(4)相关分析法

自相关分析是测量时间序列中各元素之间相关关系的方法,采用自相关系数表示其相关性的大小。自相关系数范围在区间$[-1,1]$之内,$-1$表示完全负相关,1表示完全正相关,0表示不相关。设$x_1,x_2,\cdots,x_i,\cdots,x_n$是一个时间序列,共有$n$个观测值。把它组成$(n-1)$对数据,$(x_1,x_2),(x_2,x_3),\cdots,(x_i,x_{i+1}),\cdots,(x_{n-1},x_n)$,一阶自相关系数用$r_1$来表示。

$$r_1 = \frac{\sum\limits_{i=1}^{n-1}\left[(x_i - \bar{x}_i)(x_{i+1} - \bar{x}_{i+1})\right]}{\sqrt{\sum\limits_{i=1}^{n-1}(x_i - \bar{x}_i)^2 \cdot \sum\limits_{i=1}^{n-1}(x_{i+1} - \bar{x}_{i+1})^2}} \tag{2-21}$$

同理,把这个时间序列组成$(n-k)$对数据,可以计算其$k$阶自相关系数$r_k$。

由自相关分析理论可知,自相关系数在区间$[-1.96/\sqrt{n},1.96/\sqrt{n}]$之内,可认为与0无显著性差别,即在这种情况下,时间序列中各观察值之间的相关性非常弱,因此,应根据数据个数$n$选取自相关系数大于$1.96/\sqrt{n}$时的$k$值,由此确定与$t$时刻数据有紧密相关关系的点有哪些,即$t$的前$k$个时刻和后$k$个时刻的数据。那么$t$时刻丢失的数据就可由其前后的$2k$个数据来估计。

这种估计算法在正常的交通情况下估计精度是非常高的,但在有交通事件发生的情况下,交通流的正常规律被打乱,显然会对一般的估计算法精度有一定的影响。针对这种情况就应融合交通事件检测的信息,对要估计的数据所在的时段进行有无事件的判别,如果有事件发生则不能采用正常交通流估计算法。在事件发生时,在其后的一段时间内,正常的交通流规则是被打乱的,所以不能采用被估计数据所在时刻后面的数据,应该采用被估计数据所在时刻前面的数据,这样才能保证估计的正确性。

这种自相关分析方法需要待估时刻的前后各$k$个时刻的数据,适用于离线处理,不适宜作为对实时性要求高的基础交通信息的预处理方法。

(5)基于遗传算法的组合模型

前面几种方法都是利用一种算法进行数据补充,而基于遗传算法的组合模型的思想是对于同一组数据进行预处理,可以用多种方法,每种方法都有各自的优点和缺陷,为了有效地利用各种模型的优点回避其缺点,将不同的方法进行组合,只要选好权重便可得到较好的处理结果。实践证明,任何一个独立模型,哪怕是效果不佳的模型,只要它含有独立的系统信息,当与一个较好的方法进行组合后同样可以改善结果精度,增强模型的可靠性。

这种组合模型的关键是怎样把各种单一算法的结果进行综合处理。一种比较可行的办法是,综合利用各种单一算法的估计结果,然后加权平均,其中最优权的确定利用遗传算法。实验表明,组合方法在大多数情况下比使用单一算法要更精确。

由于这种组合算法需要利用各种单一算法的估计结果,计算复杂而且麻烦,所以在精度要求不很高的情况下一般不采用。

综合以上数据修复方法的介绍与分析可知,把时间序列预测方法作为基础交通信息的缺失数据在线补充算法比较合适。这种算法只需要一定数量的历史数据,即可外推缺失数据的值,算法简单、可靠,运行速度快,符合交通信息采集与处理的实时性要求。

### 2.3.2 信息融合技术

信息融合是指利用计算机对多源观测信息在一定的准则下加以自动分析和综合,以完成所需的决策和估计任务而进行的信息处理过程。它的基本原理实际上是对人脑面对复杂信息处理功能的一种仿真模拟,充分利用多个传感器资源,通过把多个传感器在空间和时间上的冗余或互补信息按照一定的规则组合、归纳、推断,决策得到对观测对象的一致性解释和描述。多源信息融合的基本目标不是通过输入的信息来推导出更多的新信息,而是利用多源信息组合、互补的优势,充分综合有用信息,提高在多变环境中正确决策的能力,提高系统的有效性。

数据融合技术已经在智能交通系统的研究中广泛应用,数据融合一般分为三级(数据级融合、特征级融合及决策级融合,见表 2-8)。信息融合的方法涉及多方面的理论和技术,如信号处理、估计理论、不确定性理论、模式识别、最优化技术、模糊数学和神经网络等,国内外对此方法已经做了大量的研究和改进。总的说来,这些方法可以归纳为两类:随机类方法和人工智能方法。随机类方法研究对象的随机属性,比较常用的方法有 Bayes 方法、D-S 证据推理、卡尔曼滤波等。这一类方法均需要将信息的不确定性利用概率函数描述,但在实际中定义先验似然函数比较困难。人工智能方法可以模拟专家经验知识、决策及推理过程或自然界对知识的认知过程,构造模型,产生一系列规则,从而完成估计和决策,目前关于融合方法的研究主要集中在这一领域。用于多源信息融合的智能方法主要有:粗集理论、小波分析理论、基于知识的专家系统、模糊集合理论和神经网络等,其中以后两种最为常用。

常见数据融合技术

表 2-8

| 融 合 级 别 | 融 合 对 象 | 主 要 技 术 |
|---|---|---|
| 一 | 像素融合 | 数据关联 |
| | | 智能加权平均 |
| | | 指数平滑法 |
| | | 算术平均值的递推估计 |
| | | 卡尔曼滤波 |
| 二 | 特征融合 | 贝叶斯推理 |
| | | Dempster-Schafer 证据推理(D-S) |
| | | 神经网络 |
| | | 聚类法 |
| 三 | 决策融合 | 专家系统 |
| | | 黑板结构 |
| | | 模糊逻辑 |

选择神经网络模型融合算法是由于 Bayes 统计决策法需要事先知道系统的先验知识和各传感器的特性得到的先验概率和条件概率,过程较为繁琐。对于融合的不同结果,可以将融合分为定性融合和定量融合。定性融合也可以认为是对确定目标的融合,Bayes 统计决策法和DS 证据理论法都属于定性融合。对于实时交通信息的融合属于定量融合,故适合采用神经网络模型算法。

下面主要介绍数据融合技术——人工神经网络法:

人工神经网络是由大量的处理单元(即人工神经元)广泛互联成的自适应非线性动态系统,它试图以一定的程度和方式模拟人脑的细胞结构、神经结构及思维特征来获得近似于人类的思维能力,特别适用于很难用常规数学方法表达的信息处理过程。人工神经网络采用类似于"黑箱"的方法,通过学习和记忆而不是假设,找出输入、输出变量之间的非线性关系(映射),在执行问题和求解时,将所获取的数据输入给训练好的网络,依据网络学习的知识进行网络推理,得出合理的答案与结果。目前,人工神经网络已经成为许多高科技领域的一个热门研究主题,在人工智能领域,它已实际应用于决策支持、模式识别、专家系统、机器学习等许多方面,在信息融合技术当中的应用也已经相当成熟。

人工神经网络的应用过程由两个阶段组成:学习期和工作期。学习期也称为设计期,首先建立神经元的网络结构,通过对样本的学习逐渐调整神经元之间的连接权值,利用测试数据进行检验,直到实现预定的精度为止,这一过程往往需要较长时间。在工作期内,网络的权值不再发生变化,在给定输入的情况下,训练好的网络按照其内部机制快速计算出指定变量的结果。

人工神经网络的设计流程图如图 2-19 所示。

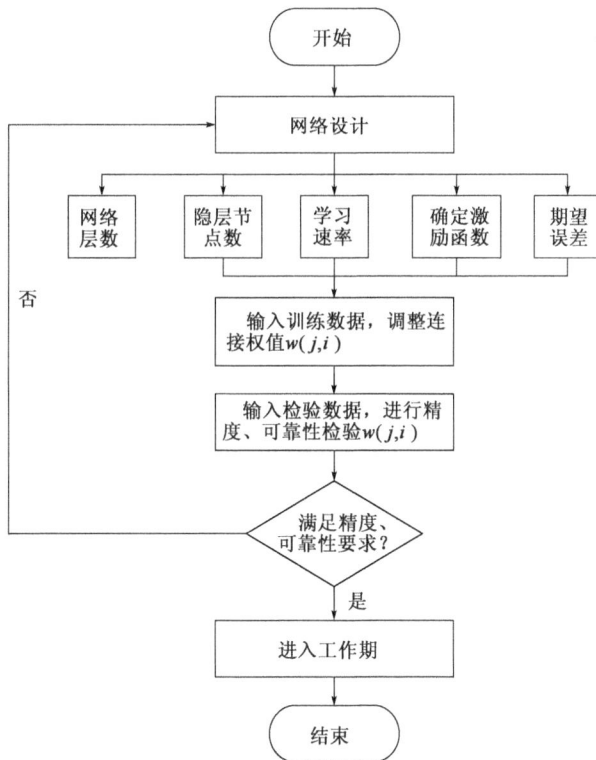

图 2-19 人工神经网络的设计流程图

人工神经网络模型可以分为四个主要模块:

1)人工神经元模型

人工神经元是一个多输入、单输出的信息处理单元,通过与相连的其他神经元接收输入信息,对信息进行非线性处理。可以把神经元抽象为一个数学模型,如图 2-20 所示。

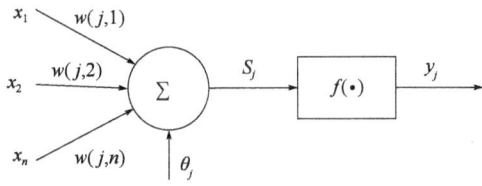

图 2-20　人工神经元模型

它共有 $n$ 个输入 $x_i(i=1,2,\cdots,n)$，$w(j,i)$ 是与之相应的连接权值。$\Sigma$ 表示求和，$\theta_j$ 为神经元内的阈值。$S_j$ 为神经元的求和输出，称为神经元的激活水平。$f(\cdot)$ 为神经元的激活函数，作用是将可能的无限域输入转化为有指定范围内的输出，激活函数应当根据输入数据的特性进行选取，常用的激活函数有线性函数、阶跃函数、符号函数、斜坡函数、Sigmoid 函数、双曲正切函数、高斯函数等，如图 2-21 所示。$y_j$ 为神经元的输出，可作为其他神经元的输入或整个系统的输出。

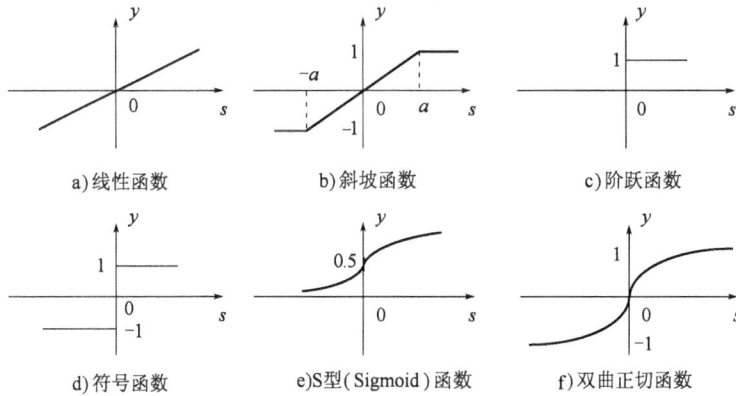

a)线性函数　　　　b)斜坡函数　　　　c)阶跃函数

d)符号函数　　　　e)S型(Sigmoid)函数　　　　f)双曲正切函数

图 2-21　几种常用的人工神经网络激活函数

因此，神经元模型可以利用数学公式表示为：

$$S_j = \sum_{i=1}^{n} w_{ji} x_i - \theta_j \tag{2-22}$$

$$y_i = f(S_j) \tag{2-23}$$

2）神经网络的拓扑结构

将一个神经元的输出信号送到另一个神经元作为输入信号，称之为联接。将若干个神经元以某种方式联接起来即可形成神经元网络形式。不同的神经元采用不同的方式进行联接，会得到具有不同特性的神经网络。

一个神经元网中的各个神经元不必一定采用同一种模型，它们可以由若干种不同模型的神经元混杂组成。与输入端相联接的神经元都作为第一层，它们从网络系统外部接受信号，称之为输入层。与输出端相联接的各神经元组成网络的最后一层，一般称为输出层。输入层和输出层之间的各层称之为隐层。目前使用较多的一般只包含一层或两层隐层。

根据神经元之间相互联接的方式，神经网络可分为前馈神经网络和反馈神经网络，如图 2-22、图 2-23 所示。前馈网络的每一层只接收前一层的输出作为输入，如 BP（Back-Propagation）网络、RBF（Radial Basis Function）网络等。反馈网络任意层级的神经元均可前后向联接，具有丰富的动态特性，如 Hopfield 网络、全互联网络等。

3）神经网络的训练与学习

建立起神经网络的结构之后，还要对网络进行训练和学习，才能使其满足要求，实现所需的功能。训练是指对神经元网络的行为提供一组输入信号,然后按照某种有计划的步骤调整联接权值,直到网络的运行结果能符合某种要求为止。学习则是指网络对训练的反应,和网络具有的一种性能。训练好的网络学得了所需要的知识,具体体现在得到了一组合适得联接权值。经过训练的网络在接受新的输入信号后,能给出所期待的合理输出。

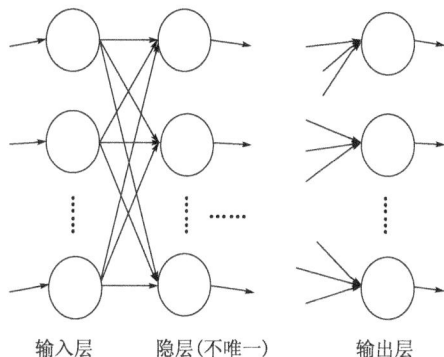

图 2-22 前馈神经网络结构图

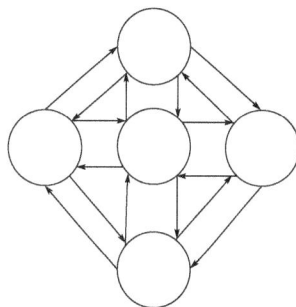

图 2-23 反馈网络单层互联网结构

学习的方式主要有监督学习、非监督学习及再励学习三种。监督学习过程提供训练样本(包括输入和对应的输出结果),神经网络的学习系统根据已知输出和实际输出的差值调整系统参数;无监督学习过程中,学习系统完全根据数据的统计规律来调节系统参数或结构;再励学习介于二者之间,外部环境对网络输出结果给出评价信息,学习系统通过强化受到正面的评价的信息来改善网络的性能。

4)网络设计

人工神经网络的网络设计主要包括网络层数、隐层节点数、初始权值、学习速率及期望误差等。

(1)网络层数

经理论证明,包含一个隐层的三层人工神经网络可对任何连续的非线性函数进行任意精度的逼近。增加层数主要可以更进一步降低误差、提高精度,但同时也使网络复杂化,从而增加了网络权值的训练时间。而误差精度的提高实际上也可以通过增加隐含层中的神经元数目来获得,其训练效果也比增加层数更容易观察和调整,所以一般情况下,应优先考虑增加隐含层中的神经元数。

(2)隐层节点数

网络训练精度的提高,可以通过采用一个隐层而增加其神经元个数的方法来获得。这个结构实现上,要比增加更多的隐层简单得多。对于隐层节点数的确定,并无确定的方法。一般情况下,神经网络训练需要大量样本,并且样本的选择要有代表性。由于选取的样本数和变量个数不当时可能产生过度拟合,因此确定合适的隐层节点数尤为重要,它与样本的完全程度、网络的自适应能力有关。当数据比较充分的时候,隐节点数可适当增加;数据不太充分时,可适当减少隐层节点数。

(3)初始权值

由于系统是非线性的,初始值对于学习是否达到局部最小、是否能够收敛以及训练时间的长短影响很大。如果初始值太大,使得加权后的输入落在激活函数的饱和区,从而导致其导数

$f'(x)$ 非常小,而在计算权值修正公式中,因为 $\delta$ 正比于 $f'(x)$,当 $f'(x) \to 0$ 时,则有 $\delta \to 0$,使得 $w \to 0$,从而使得调节过程几乎停顿下来。所以,一般总是希望经过初始加权后的每个神经元的输出值都接近于零,这样可以保证每个神经元的权值都能够在它们的 S 型激活函数变化最大之处进行调节。所以,一般取初始权值在 $(-1,1)$ 之间的随机数。

(4)学习速率

学习速率决定每一次循环训练中所产生的权值变化量。大的学习速率可能导致系统的不稳定,但小的学习速率将会导致训练较长,收敛速度很慢,不过能保证网络的误差值不跳出误差表面的低谷而最终趋于最小误差值。所以在一般情况下,倾向于选取较小的学习速率,以保证系统的稳定性。

(5)期望误差

在设计网络的训练过程中,期望误差值也应当通过对比训练后确定一个合适的值,这个所谓的"合适",是相对于所需要的隐含层的节点数来确定的,因为较小的期望误差值是要靠增加隐含层的节点以及训练时间来获得。一般情况下,作为对比,可以同时对两个不同期望误差值的网络进行训练,最后通过综合因素的考虑来确定采用其中一个网络。

# 2.4 交通信息挖掘分析

## 2.4.1 聚类分析

聚类分析的实质是将数据分成若干类别,以使得类别内数据的"差异"尽可能小,类型间的"差异"尽可能大。在交通中应用比较广泛,例如根据大量交通采集数据,将不同检测点按交通状况的不同进行分类,因而可以根据交通状况的复杂程度进行区别处理,以高效且有重点地解决交通问题。聚类分析的实质就是根据距离的远近将数据进行分类,而距离就是描述"差异"的关键变量。在统计学中最常用的距离表达方法为欧几里得距离,对于两条数据 $(x_1, y_1, z_1)$ 和 $(x_2, y_2, z_2)$,欧几里得距离的计算公式为:

$$\text{Euclid}(1,2) = \sqrt{(x_1 - x_2)^2 + (y_1 - y_2)^2 + (z_1 - z_2)^2} \tag{2-24}$$

聚类分析的方法主要是层次聚类法和 K-均值聚类法,也称非层次聚类法。各种聚类方法分别有着不同的使用条件,对于不同数据也有着不同的表现结果,因此很难有统一的标准说明哪种情况下采用哪种方法。

1)层次聚类法

(1)方法原理

根据运算的方向,层次聚类法可分为合并法和分解法,但这两种方法的运算原理完全相同,只是方向不同。因此,SPSS 中应用的是合并法,其实现过程如下:

①首先将各数据各自作为一类,此时则有 $n$ 类数据。按照以上定义的距离公式计算各数据点之间的距离,构建各数据点间的距离矩阵。

②将距离最近的两条数据并为一个类别,即产生 $n-1$ 个类别,计算新产生的类别与其他各个类别之间的距离,形成了新的距离矩阵。

③按照和第二步相同的原则,再将距离最接近的两个类别合并,这时如果类的个数仍然大于1,则继续重复此步骤,直至所有的数据均被合并为一个类别为止。

(2)操作过程

以如表2-9所示的成都市区部分路段为例,通过聚类分析反映各路段的交通状况水平差异,具体数据包括车道数、高峰小时流率和平均速度。

市区部分路段相关交通信息数据表　　　　　　　　　表2-9

| 路　段　名　称 | 车　道　数 | 高峰小时流率 | 平均速度(km/h) |
|---|---|---|---|
| 二环高架 | 4 | 5454 | 60.05 |
| 三环路北一段 | 8 | 10698 | 65.42 |
| 一环路西三段 | 8 | 3708 | 52.78 |
| 人民南路三段 | 8 | 5730 | 43.36 |
| 天府大道 | 8 | 5076 | 44.21 |
| 蜀都大道十二桥路段 | 8 | 4239 | 50.06 |
| 益州大道北 | 6 | 2730 | 47.12 |
| 锦城大道 | 6 | 1308 | 53.47 |
| 抚琴西路 | 6 | 1982 | 40.32 |
| 二环路东二段 | 6 | 2922 | 45.89 |
| 蜀汉路 | 4 | 1275 | 45.97 |
| 交子大道 | 4 | 192 | 56.82 |
| 林荫街 | 4 | 1272 | 42.64 |
| 建设路 | 4 | 2160 | 39.96 |
| 清溪西路 | 4 | 1452 | 36.32 |
| 小南街 | 4 | 1980 | 32.35 |
| 建和路 | 4 | 444 | 41.26 |
| 西安南路 | 4 | 1693 | 37.88 |
| 青羊东一路 | 2 | 1124 | 36.47 |
| 同善横街 | 2 | 804 | 32.54 |
| 国学巷 | 2 | 923 | 31.01 |
| 坛神巷 | 1 | 524 | 20.36 |
| 国光路 | 1 | 618 | 21.23 |

下面是具体的操作过程:

①输入数据

输入数据主要是有两种方法:一种方法是在SPSS中直接录入数据,另一种方法则是从外部录入数据。

a.直接录入数据。

打开SPSS系统,进入SPSS的主界面,在窗口顶部标有[**IBM SPSS Statitic 数据编辑器**],即为SPSS的数据编辑窗口,如图2-24所示,在上面即可进行数据的编辑。在窗口的左下角有[**数据视图**]和[**变量视图**]两个标签。[**数据视图**]是编辑相关数据的部分,而[**变量视图**]则是设置各种变量的名称和属性,类似于数据表格的列名称。在直接输入数据的方法中,一般首先设置好[变量视图]中各变量的属性,其中,最主要设置变量[名称][类型][宽度]及[小数]四个选项。

图 2-24　变量定义示意图

接着可在数据视图输入各变量下的数据,如图 2-25 所示。

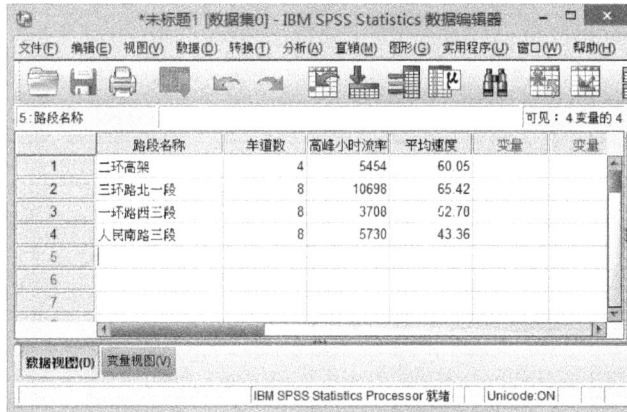

图 2-25　直接输入时的数据视图

b. 外部录入数据。

SPSS 提供了多种非 SPSS 默认类型的数据文件录入,主要有三种方式:直接打开、利用文本向导读入文本数据以及利用数据库 ODBC 接口读取数据。下文将以直接打开 Excel 格式数据为例进行阐述。

首先得到录入数据的 Excel 表,如图 2-26 所示为部分数据的 Excel 表格式数据。

图 2-26　Excel 表中的部分原始数据

接着在打开的 SPSS 中,单击[**文件**]菜单下的[**打开**],选择打开的类型为[**数据**],即可弹出[**打开数据**]窗口,并在文件类型中选择 Excel 类型,之后在相应储存位置中,选择[**市区部分路段相关交通信息数据表**],如图 2-27 所示,再单击[**打开**]按钮即可。

接着弹出[**打开 Excel 数据源**]对话框,首先判定所导入数据中的第一行是格式变量名,接着指定工作表,最后确定读取的数据范围,用单元格的起止位置标示,中间用冒号隔开,例如图 2-28 中则表示从 A1 单元格到 D24 单元格所构成的矩形范围。指定完毕后,单击[**确定**]按钮即可。

图 2-27 打开数据对话框

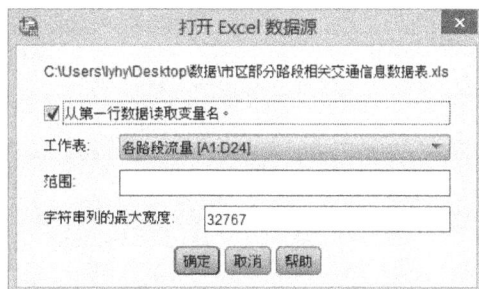

图 2-28 打开 Excel 数据文件对话框

最后,得到如图 2-29 所示的导入数据。

图 2-29 导入数据后的示意图

②层次聚类

首先单击菜单栏中的[**分析**]按钮,接着在[**分析**]下拉列表的[**分类**]中选择[**系统聚类**],弹出[**系统聚类分析**]对话框,并在[**变量**]框中选择车道数、高峰小时流率和高峰速度三个变量,在[**标注个案**]框中选择路段名称变量,即可得到如图 2-30 所示的对话框。

首先设置绘图功能,单击[绘图]按钮,弹出[**系统聚类分析:图**]对话框,如图 2-31 所示,选择谱系图,并在冰柱框中选择[**无**],接着单击[**继续**],返回[**系统聚类分析**]对话框。其中需说明的是,谱系图并不是默认选项,但谱系图是观察理解聚类结果的重要图形,并在应用范围和礼节性方面均比冰柱图要好,因此选择谱系图。

图 2-30　系统聚类分析对话框

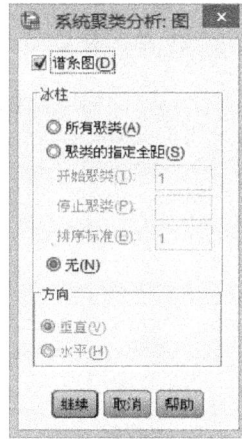

图 2-31　系统聚类分析:图对话框

接着设置方法选项,单击[方法]按钮,弹出[**系统聚类分析:方法**]对话框,在[**聚类方法**]的下拉列表框中选择[**Ward 的方法**],并在转化值框中的标准化列表框中选择[**Z 分数**],如图 2-32 所示,单击[**继续**]返回[**系统聚类分析**]对话框。其中的聚类方法是根据多次尝试确定下来的,也可以做多个尝试后确定最优的方法。

最后设置保存功能,单击[**保存**]按钮,弹出[**系统聚类分析:保存**]对话框,如图 2-33 所示,在方案范围的聚类数中填写 3 ~ 6,SPSS 可分别标明聚类数为 3 ~ 6 类情况下各路段所属的类。

图 2-32　系统聚类分析:方法对话框

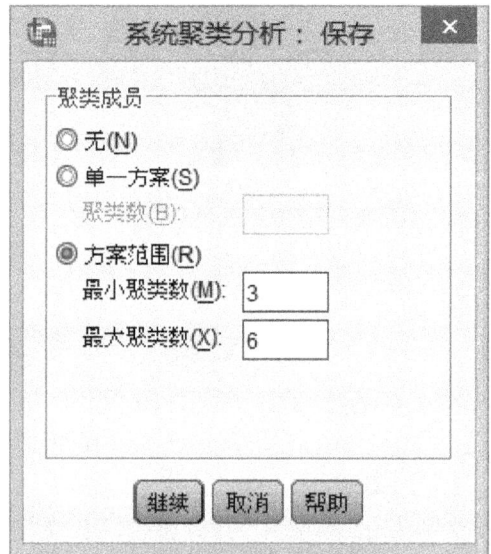

图 2-33　系统聚类分析:保存对话框

（3）结果输出

首先分析输出的凝聚计划表，如表2-10所示，它说明了数据点的聚类过程。通常来说，阶段的数量等于数据点数量减1，但为了显示方便，只给出开头和结尾的几个阶段。在表中，第1列的阶段即聚类过程的步骤；第2列和第3列表示在该步骤阶段中参与了合并的数据点名称；在例子中即为各路段名称。第4列系数为聚类系数，表示被合并的两个数据点间的距离大小；第5列和第6列表示参与合并的数据点在聚类过程中的出现的次数，0表示第1次出现，而在阶段22中数据点1出现第22次；第7列表示在这一阶段中合并的类型，下一次将在第几步中与其他类型进行合并。例如，在阶段2中，数据点7和10参与了合并，它们的距离为0.13，并且是首次出现，合并后的类型将在阶段12继续参与合并。

凝 聚 计 划 表　　　　　　　　　　　　表 2-10

| 阶　　段 | 组合的集群 | | 系　　数 | 首次出现阶段集群 | | 下一个阶段 |
|---|---|---|---|---|---|---|
| | 集群 1 | 集群 2 | | 集群 1 | 集群 2 | |
| 1 | 22 | 23 | 0.004 | 0 | 0 | 16 |
| 2 | 7 | 10 | 0.013 | 0 | 0 | 12 |
| 3 | 20 | 21 | 0.024 | 0 | 0 | 9 |
| … | … | … | … | … | … | … |
| 19 | 1 | 11 | 14.848 | 18 | 14 | 21 |
| 20 | 2 | 3 | 21.811 | 0 | 15 | 22 |
| 21 | 1 | 19 | 36.523 | 19 | 16 | 22 |
| 22 | 1 | 2 | 66.000 | 21 | 20 | 0 |

其次是聚类成员表，如表2-11所示，按照保存时设置3~6类的聚类要求下各路段所属的类别，在此都有明显标注，依据此表可以统计每一类中包含的数据点名称和数量，例如第11的蜀汉路，若分成6类，则是聚类到第5类，若分成5类，则是聚类到第4类，若分成4类和3类，则是聚类到第1类。而聚类的标准则是要求尽可能等分的分类，也就是说尽量做到每一类别下的数量比较均衡。

聚 类 成 员　　　　　　　　　　　　表 2-11

| 个　　案 | 6 个集群 | 5 个集群 | 4 个集群 | 3 个集群 |
|---|---|---|---|---|
| 1：二环高架 | 1 | 1 | 1 | 1 |
| 2：三环路北一段 | 2 | 2 | 2 | 2 |
| 3：一环路西三段 | 3 | 3 | 3 | 2 |
| … | … | … | … | … |
| 11：蜀汉路 | 5 | 4 | 1 | 1 |
| 12：交子大道 | 4 | 1 | 1 | 1 |
| 13：林荫街 | 5 | 4 | 1 | 1 |
| 14：建设路 | 5 | 4 | 1 | 1 |
| … | … | … | … | … |
| 21：国学巷 | 6 | 5 | 4 | 3 |

续上表

| 个　　案 | 6 个集群 | 5 个集群 | 4 个集群 | 3 个集群 |
|---|---|---|---|---|
| 22：坛神巷 | 6 | 5 | 4 | 3 |
| 23：国光路 | 6 | 5 | 4 | 3 |

最后，则是谱系图，也称作树状图，这是聚类分析产生的最重要的结果，通过谱系图可以很直观地看出整个聚类的过程和结果，如图 2-34 所示。谱系图把数据点间的最大距离算作相对距离为 2，其余的距离均换算成与之相比的相对距离大小，图形的左边代表聚类的对象，而对象或者数据点间的合并则通过线条连接的方式来表示，连线的长度表示类别间的距离大小。通过这个谱系图，可以把这些路段分成若干类别。

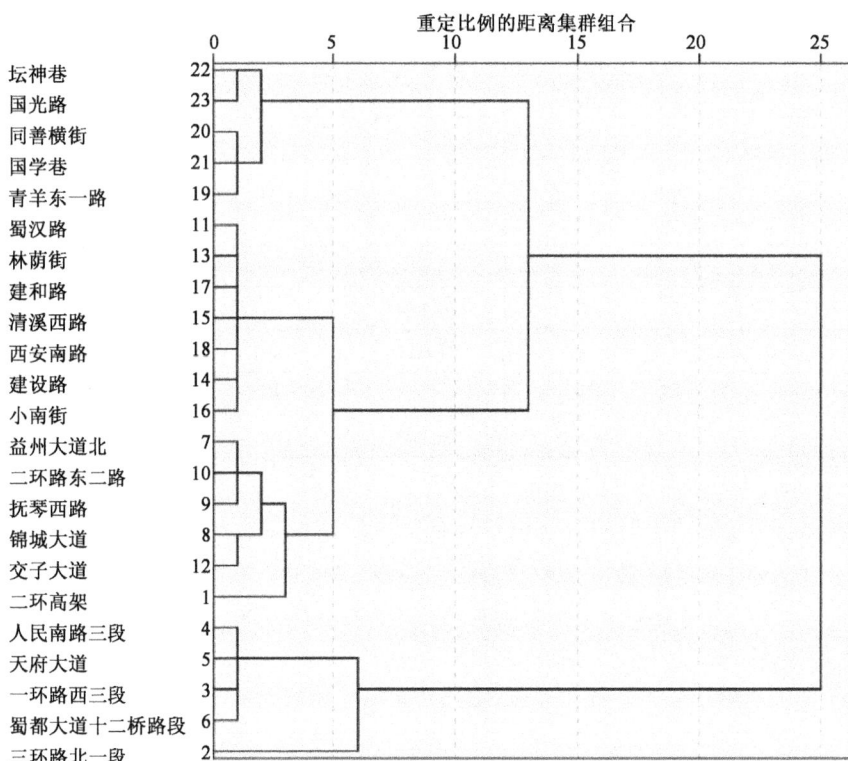

图 2-34　使用 Ward 联接的谱系图

最终可将结果分成五类，具体分类为：

第 1 类：三环路北一段。

第 2 类：二环高架、益州大道北、锦城大道、抚琴西路、二环路东二段、交子大道。

第 3 类：一环路西三段、人民南路三段、天府大道、蜀都大道十二桥路段。

第 4 类：蜀汉路、林荫街、建设路、清溪西路、小南街、建和路、西安南路。

第 5 类：青羊东一路、同善横街、国学巷、坛神巷、国光路。

2）K-均值聚类法

（1）方法原理

K-均值聚类法即快速聚类法，适用于对大量数据进行聚类分析。

在 SPSS 中的方法原理步骤为：

①确定需要聚类的类别数量,该数量由分析者自己确定。而在实际聚类工作中,该数量往往需要多次的重复实验和尝试方能确定。

②根据数据本身的中心点,或者由分析者自己确定聚类中心点,进而确定每个类别的原始中心点。

③计算每个数据点到各类别中心点的距离,接着将每个数据点按照距离中心点最近的原则划归各个类别,并计算新的类别中心点。

④按照新的中心点位置,重复步骤(3),对各个数据类别进行重新归类,并更新数据中心点,直至达到一定的收敛标准或者达到分析者事先确定的迭代次数为止。

(2)操作步骤

数据输入与层次聚类法相同,这里从数据录入后进行介绍,首先点击菜单栏中的[**分析**]按钮,接着在[**分析**]下拉列表的[**分类**]中选择[**K平均值聚类**],弹出[**K平均值聚类分析**]对话框,并在[**变量**]框中选择车道数、高峰小时流率及高峰速度三个变量,在[**标注个案**]框中选择路段名称变量,即可得到如图2-35所示的对话框。

图2-35　K均值聚类分析对话框

首先设置迭代功能,单击[**迭代**]按钮,弹出[**K平均值聚类分析:写入文件**]对话框,在最大迭代次数中输入100,如图2-36所示,单击[**继续**]按钮,返回[**K平均值聚类分析**]对话框。在选项中,可以单独设置迭代次数或者收敛标准,也可同时设置最大迭代次数和收敛标准,即在迭代过程中,满足其中的任何一个条件时,则迭代停止。

接着设置保存功能,单击[**保存**]按钮,弹出[**K-Means聚类:保存新变量**]对话框,选择[**聚类成员**]选项,单击[**继续**]按钮,如图2-37所示,返回[**K平均值聚类分析**]对话框。若选择聚类成员,即在聚类过程中对每个数据点给出所属的类别号。

最后设置选项功能,单击[**选项**]按钮,弹出[**K平均值聚类分析:选项**]对话框,选择[**ANOVA表**]选项,其他选项保持默认选项不变,如图2-38所示,单击[**继续**]按钮,返回[**K平均值聚类分析**]对话框,

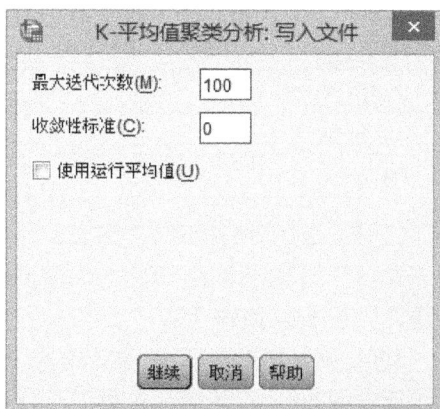

图2-36　K平均值聚类分析设置迭代次数对话框

41

单击[**确定**]按钮。其中,ANOVA 表即方差分析表,用于分析聚类结果中各类别是否存在显著差异以及各数据点对聚类结果的重要性。

图 2-37　K 平均值分析设置保存对话框

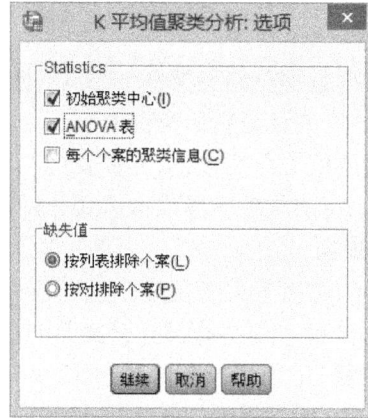

图 2-38　K 平均值分析选项设置对话框

(3)结果输出

在所有结果中首先给出的就是初始聚类中心,如表 2-12 所示,列出了聚类的每一类别的初始定义的中心点。这些中心点都是由 SPSS 软件自动生成的,其实就是某一个数据点,选择原则为使得各初始类中心的散点在所有变量构成的空间中离得尽量远。再经过迭代后,则会生成最后的聚类中心,如表 2-13 所示,也就是各类别中的各个数据点的相应变量的平均值。

初 始 聚 类 中 心　　　　　　　　　　　　　　表 2-12

| 项　　目 | 聚　类 | | | |
|---|---|---|---|---|
| | 1 | 2 | 3 | 4 |
| 车道数 | 4 | 8 | 8 | 8 |
| 高峰小时流率 | 192 | 10698 | 3708 | 5730 |
| 高峰速度 km/h | 56.82 | 65.42 | 52.78 | 43.36 |

最 终 聚 类 中 心　　　　　　　　　　　　　　表 2-13

| 项　　目 | 聚　类 | | | |
|---|---|---|---|---|
| | 1 | 2 | 3 | 4 |
| 车道数 | 3 | 8 | 6 | 7 |
| 高峰小时流率 | 969 | 10698 | 2580 | 5125 |
| 高峰速度 km/h | 38.00 | 65.42 | 43.07 | 49.42 |

接着是迭代历史记录表,如表 2-14 所示,可以看出每一次迭代过程中类别中心点的变化,由于原始数据较为简单,因此迭代中只经过较小更改就达到了汇合,任何中心点的最大绝对坐标更改为 0,即结束迭代。

其后,则是方差分析表,如表 2-15 所示,其实质上计算聚类后各类别内所有变量依次进行的单因素方差分析,然后将结果汇总到一张表格中。从表格中,可以看出各变量在各类别间的统计意义,并根据 $F$ 值的大小近似得到判断某个变量在聚类分析中的作用程度,例如本例中,各变量的重要程度分别为:高峰小时流率 > 车道数 > 高峰速度。

**迭代历史记录 a** 表2-14

| 迭　代 | 聚类中心的更改 | | | |
|---|---|---|---|---|
| | 1 | 2 | 3 | 4 |
| 1 | 777.312 | 0.000 | 890.902 | 310.058 |
| 2 | 0.000 | 0.000 | 236.979 | 295.250 |
| 3 | 0.000 | 0.000 | 0.000 | 0.000 |

**ANOVA　表** 表2-15

| | 聚　　类 | | 错　　误 | | F | 显著性 |
|---|---|---|---|---|---|---|
| | 均方 | df | 均方 | df | | |
| 车道数 | 21.957 | 3 | 2.579 | 19 | 8.514 | 0.001 |
| 高峰小时流率 | 40966389.775 | 3 | 309440.526 | 19 | 132.389 | 0.000 |
| 高峰速度（km/h） | 320.689 | 3 | 94.396 | 19 | 3.397 | 0.039 |

最后一个列出的是各聚类类别中的记录数，从表2-16中可以看出，所含变量数最多的是第1类，第2类中的变量数最少，仅含有1个变量。各类所含的人数高低有时可对最终类别特性的确定起到一定的辅助作用。

**每个聚类中的个案数量** 表2-16

| | | |
|---|---|---|
| 聚　　类 | 1 | 12.000 |
| | 2 | 1.000 |
| | 3 | 6.000 |
| | 4 | 4.000 |
| 有效 | | 23.000 |
| 缺失 | | 0.000 |

以上就是全部的输出结果，如果想进一步分析，则可对聚类前的原始数据进行统计图和统计表描述，以获取各类数据点间更具体的差异。

最终可将结果分成四类，具体分类为：

第1类：锦城大道、蜀汉路、交子大道、林荫街、清溪西路、建和路、西安南路、青羊东一路、同善横街、国学巷、坛神巷、国光路。

第2类：三环路北一段。

第3类：一环路西三段、益州大道北、抚琴西路、二环路东二段、建设路、小南街。

第4类：二环高架、人民南路三段、天府大道、蜀都大道十二桥路段。

3）两步聚类法

两步聚类法是近年来发展起来的一种智能聚类方法，用于解决数量庞大、结构复杂的数据聚类分析问题。两步聚类法在用于聚类的变量上可以是离散变量，也可以是连续变量，且利用统计量作为距离指标进行聚类，同时根据一定的统计标准可自动确定最佳的类别数，另外该方法占用内存少，因此，更适应于大数据的聚类分析。

（1）方法原理

顾名思义，两步聚类法是分成两个步骤来完成的，第一步为预聚类，第二步为正式聚类，即在预聚类的基础上正式确定聚类方案。以下分别介绍这两个步骤：

预聚类,该步骤通过构建和修改聚类特征树来完成。聚类特征树包含很多层次的节点,每一节点包含若干条目,每个叶子节点代表一个子类,因此有多少叶子节点就有多少子类。而非叶子节点和其中的条目指引着新进入的数据点进入哪个叶子节点,每个条目的信息即所谓的聚类特征。

针对每一个数据点,均需从根开始进入聚类特征树,并根据节点的条目信息指引找到最接近的子节点,直到到达叶子节点为止。如果该数据点与叶子节点中条目的距离小于临界值,那么它进入该叶子节点,并且更新子节点的聚类特征信息,否则,该数据点会重新生成新的叶子节点。若叶子节点数目大于指定最大的聚类数量,则聚类特征值会自动调整距离临界值,重新构建聚类特征树。最后,当所有的数据点均进入聚类特征树,则预聚类工作结束。

正式聚类将预聚类的结果作为输入,进行重新聚类,直到得到分析者指定的聚类类别。此时由于所需处理的数据比原始数据小很多,因此可以使用常规的聚类方法进行处理,在 SPSS 中则使用合并型层次聚类法进行。在处理过程中,通过判断 AIC 或者 BIC 两个统计指标,这两个指标是反映分类结果是否适合现有数据分类的统计指标,这两个指标越小,则分类结果越理想。两步聚类法会根据这两个指标的大小来判定分类结果是否是最优的分类方案。

(2)操作步骤

由于两阶聚类法可以同时处理离散变量和连续变量,因此在原始数据中,将各路段的道路等级添加进去。由于数据录入前文有介绍,这里不再赘述,直接从聚类步骤开始。

先点击菜单栏中的[分析]按钮,接着在[分析]下拉列表的[分类]中选择[两步聚类],弹出[二阶聚类分析]对话框,并在[连续变量]框中选择车道数、高峰小时流率和高峰速度三个变量,在[分类变量]框中选择道路等级,即可得到如图 2-39 所示的对话框。

选项按钮保持默认即可,在[输出]选项中将透视表勾选上,将[路段名称]选为评估字段,如图 2-40 所示,即可单击[继续],返回[二阶聚类分析]对话框,单击[确定]即可。

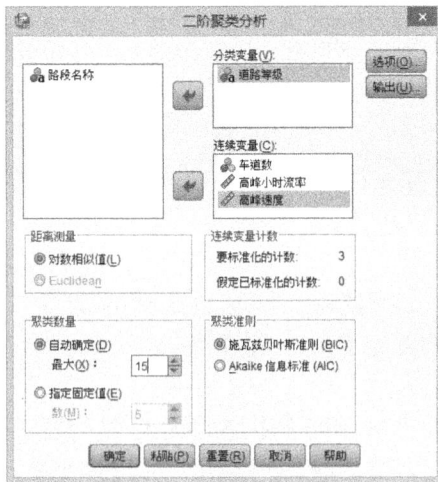

图 2-39　二阶聚类分析对话框　　　　图 2-40　二阶聚类输出设置对话框

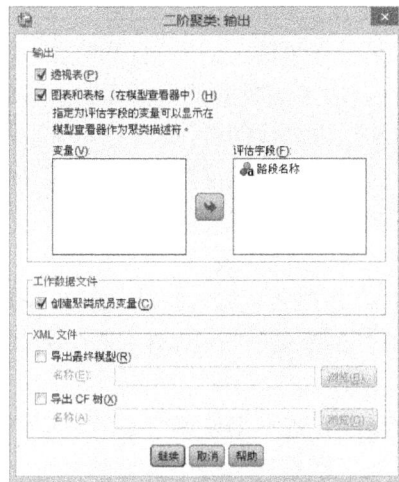

(3)结果输出

首先输出的是自动聚类表,如表 2-17 所示,该结果也是所有输出结果中最重要的一部分,但同时也是统计难度最高的表格。该表格给出了样本数据点被分为 1~15 类时 BIC 值等相关统计指标的具体数值。在确认最佳分类时最重要的指标就是 BIC 值,其值越小,说明分类效果越好。综上所述,可以说明聚类数为 2 时的 BIC 值最小,因此将数据点分成两类。除 BIC 值外,两阶聚类法还可以利用相邻两步的最小类间距离来做进一步确认,而 SPSS 会综合这两个指标做出最佳选择,进而确定类别的数量。

**自 动 聚 类 表**　　　　表 2-17

| 聚　类　数 | 施瓦兹贝叶斯准则(BIC) | BIC 更改 | BIC 更改比率 | 距离度量比率 |
|---|---|---|---|---|
| 1 | 130.076 | | | |
| 2 | 105.231 | −24.845 | 1.000 | 2.758 |
| 3 | 114.209 | 8.978 | −.361 | 1.183 |
| 4 | 126.164 | 11.955 | −.481 | 5.222 |
| 5 | 151.269 | 25.105 | −1.010 | 1.111 |
| 6 | 176.685 | 25.416 | −1.023 | 1.274 |
| 7 | 202.705 | 26.020 | −1.047 | 1.502 |
| 8 | 229.460 | 26.755 | −1.077 | 1.910 |
| 9 | 256.912 | 27.453 | −1.105 | 1.022 |
| 10 | 284.382 | 27.469 | −1.106 | 1.157 |
| 11 | 311.953 | 27.571 | −1.110 | 1.032 |
| 12 | 339.544 | 27.591 | −1.111 | 2.271 |
| 13 | 367.487 | 27.943 | −1.125 | 1.428 |
| 14 | 395.513 | 28.026 | −1.128 | 1.539 |
| 15 | 423.607 | 28.094 | −1.131 | 1.535 |

表 2-17 确定分成两类后,SPSS 就会给出聚类分布表,如表 2-18 所示,给出各类别所包含的样本数,可以看出,这两类所包含的样本数是相差不大的。

**聚　类　分　布**　　　　表 2-18

| 聚　　类 | 数　　字 | 占组合的百分比(%) | 占总数的百分比(%) |
|---|---|---|---|
| 1 | 10 | 43.5 | 43.5 |
| 2 | 13 | 56.5 | 56.5 |
| 混合 | 23 | 100.0 | 100.0 |
| 总计 | 23 | | 100.0 |

在整体上给出聚类分布后,SPSS 还提供了各类别内的变量差异表,如表 2-19 所示,连续变量给出的是质心表,主要从平均值和标准差两方面进行描述;而离散变量则通过描述其在各类别内的频数分布进行表述,如表 2-20 所示。

**质　心　表**　　　　表 2-19

| 聚　　类 | 车　道　数 | | 高峰小时流率 | | 高　峰　速　度 | |
|---|---|---|---|---|---|---|
| | 平均值($E$) | 标准偏差 | 平均值($E$) | 标准偏差 | 平均值($E$) | 标准偏差 |
| 1 | 6.80 | 1.398 | 4384.65 | 2664.292 | 50.2680 | 7.84811 |
| 2 | 3.08 | 1.256 | 1112.35 | 603.403 | 36.5239 | 9.71921 |
| 混合 | 4.70 | 2.285 | 2535.09 | 2419.415 | 42.4996 | 11.19171 |

离散变量频率分布表 表 2-20

| 聚　类 | 次　干　路 | | 快　速　路 | | 支　路 | | 主　干　路 | |
|---|---|---|---|---|---|---|---|---|
| | 频率 | 百分比 | 频率 | 百分比 | 频率 | 百分比 | 频率 | 百分比 |
| 1 | 0 | 0.0% | 2 | 100.0% | 0 | 0.0% | 8 | 100.0% |
| 2 | 10 | 100.0% | 0 | 0.0% | 3 | 100.0% | 0 | 0.0% |
| 混合 | 10 | 100.0% | 2 | 100.0% | 3 | 100.0% | 8 | 100.0% |

最终分类结果则是将快速路和主干路分成一类,而次干路和支路分成另一类,具体为:

第 1 类:二环高架、三环路北一段、一环路西三段、人民南路三段、天府大道、蜀都大道十二桥路段、益州大道北、锦城大道、抚琴西路、二环路东二段。

第 2 类:蜀汉路、交子大道、林荫街、建设路、清溪西路、小南街、建和路、西安南路、青羊东一路、同善横街、国学巷、坛神巷、国光路。

### 2.4.2　关联分析

1)关联规则

列联表是传统统计中度量两个分类变量关系强弱的方法,这一方法是针对两个固定量相互关系的评定方法。通过分析交通数据中各变量之间的组合关系和组合规则,挖掘交通信息中存在的关联规则(关联程度),对于分析解决交通问题以及进行合理的交通规划具有重要的意义。

设 $I = \{i_1, i_2, i_3, \cdots, i_m\}$ 是 $m$ 个待研究的项构成的有限集合。给定事务数据表 $T = \{T_1, T_2, \cdots, T_n\}$,其中 $T_i = \{i_1, i_2, \cdots, i_k\} \subset I$,称为 k - 项集。如果对于 $I$ 的子集 $X$,存在事务 $T \supset X$,则称该事务 $T$ 包含 $X$。一条关联规则是一个形如 $X \rightarrow T$ 的形式,其中 $X \subseteq I$,$Y \subseteq I$,且 $X \cap Y = \varnothing$。$X$ 称为关联规则的前项,$Y$ 称为关联规则的后项。我们关注的是两组变量对应的项集 $X$ 和项集 $Y$ 之间因果依存的可能性。

衡量关联规则有两个基本度量:支持度和可信度。关联规则的支持度 $S$ 定义为 $X$ 与 $Y$ 同时出现在一次事务中的可能性,由 $X$ 项与 $Y$ 项在样本数据集 $D$ 中同时出现的事务数占总事务的比例估计,反映 $X$ 与 $Y$ 同时出现的可能性,即:

$$S(X \Rightarrow Y) = |T(X \cup Y)| / |T|$$

其中,$|T(X \cup Y)|$ 表示同时包含 $X$ 与 $Y$ 的事务数,$|T|$ 表示总事务数。关联规则的支持度(Support)用于度量关联规则在数据库中的普适程度,是对关联规则重要性(或适用性)的衡量。如果支持度高,表示规则具有较好的代表性。

关联规则的可信度(Confidence)用于度量规则中的后项对前项的依赖程度,由在出现项目 $X$ 的事务中出现项目 $Y$ 的比例估计,即:

$$C(X \Rightarrow Y) = |T(X \cup Y)| / |T(X)|$$

其中,$|T(X)|$ 表示包含 $X$ 的事务数。可信度高说明 $X$ 发生引起 $Y$ 发生的可能性高。可信度是一个相对指标,是对关联规则准确度的衡量,其值越高表示规则 $Y$ 依赖于 $X$ 的可能性越高。

关联规则的支持度和可信度都是位于 0 ~ 100% 间的值。关联规则的主要目的是要找到变量值之间可信度和支持度都比较高的关联规则。

2）关联分析的算法

常用的算法如表2-21所示。

主要算法的分类 表2-21

| 算 法 名 称 | 算 法 描 述 |
| --- | --- |
| Apriori | 一种最有影响的挖掘布尔关联规则频繁项集的算法。其核心是基于两阶段频集思想的递推算法 |
| FP-Tree | 针对Apriori算法的固有缺陷，J. Han等提出的不产生候选挖掘频繁项集的方法 |
| 灰色关联法 | 以分析和确定各因素之间的影响程度或若干个子因素（子序列）对主因素（母序列）的贡献程度而进行的一种分析方法 |
| HotSpot | 挖掘得到通过树状结构显示的感兴趣的目标最大化/最小化的一套规则，最大化/最小化的利益目标量/值 |

3）关联分析的应用

大多数的交通数据为数值型数据，在进行关联分析时需要将其转换为二值型，对于分类型属性和值域（属性的取值空间）较小的数值型属性，每个取值映射为一个变量，对值域较大的数值型属性先分段，每个区间映射为一个变量，取值落在该区间中的数据转换为1，反之为0。如表2-22、表2-23所示。

原 始 数 据 表2-22

| 路 段 | 路段通行能力（辆/h） | 高峰速度（km/h） |
| --- | --- | --- |
| 1 | 7000 | 60 |
| 2 | 7000 | 70 |
| 3 | 5000 | 50 |
| … | … | … |

转 换 后 的 数 据 表2-23

| 路段 | c2000 | c3000 | c4000 | c5000 | c6000 | c7000 | c8000 | v20 | v30 | v40 | v50 | v60 | v70 |
| --- | --- | --- | --- | --- | --- | --- | --- | --- | --- | --- | --- | --- | --- |
| 1 | 0 | 0 | 0 | 0 | 0 | 1 | 0 | 0 | 0 | 0 | 0 | 1 | 0 |
| 2 | 0 | 0 | 0 | 0 | 0 | 1 | 0 | 0 | 0 | 0 | 0 | 0 | 1 |
| 3 | 0 | 0 | 0 | 1 | 0 | 0 | 0 | 0 | 0 | 0 | 1 | 0 | 0 |
| … | … | … | … | … | … | … | … | … | … | … | … | … | … |

利用SPSS Modeler 14.2对数据进行关联分析：

（1）打开并查看数据文件。利用[可变文件]节点将待分析的数据添加到节点中，然后使用[输出]选项卡下的[表]查看数据，如图2-41所示。

（2）确定关联分析字段。在这里需要对各交通参数之间进行关联分析，即确定各交通参数之间是否存在关联性。所以选择能够体现交通参数的字段进行关联分析，其中包括c2000，c3000，c4000，c5000，c6000，c7000，c8000，v20，v30，v40，v50，v60，v70。

（3）读入分析字段的类型。在工作区生成"类型"节点，并双击[编辑]，将上一步骤选出的字段的角色设定为[两者]，如图2-42所示。

图 2-41　表窗口

（4）添加模型节点。在[**类型**]之后添加[**Apriori**]模型节点，如图 2-43 所示。[**Apriori**]模型基于[**最低支持度**]和[**最小置信度**]进行关联性分析。

图 2-42　类型节点编辑窗口

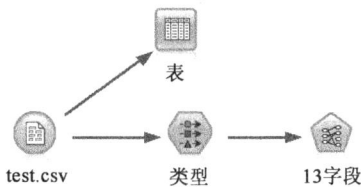

图 2-43　工作区中的 Apriori 模型

（5）运行并查看[**Apriori**]关联模型结果。运行[**Apriori**]模型的数据流，在右上侧生成数据模型，右键查看，如图 2-44 所示。

| 后项 | 前项 | 支持度 % | 置信度 % |
| --- | --- | --- | --- |
| v50 | c6000 | 10.0 | 100.0 |
| c7000 | v60 | 13.333 | 100.0 |
| c2000 | v20 | 13.333 | 75.0 |

图 2-44　Apriori 模型查看窗口

（6）利用[**网络**]图进行定性关联分析。选定[**类型**]节点，双击[**图形**]选项卡下的[**网络**]，即可添加[**网络节点**]。然后双击编辑[**网络**]节点，将步骤（5）中选择的字段选定为分析字段。运行该[**网络**]节点，则右上区域生成关联模型，查看该关联模型，如图 2-45。图中两点之间的线越粗，表示两者间关联性越强。同时可以通过调节下面的滑动点，查看相关性。

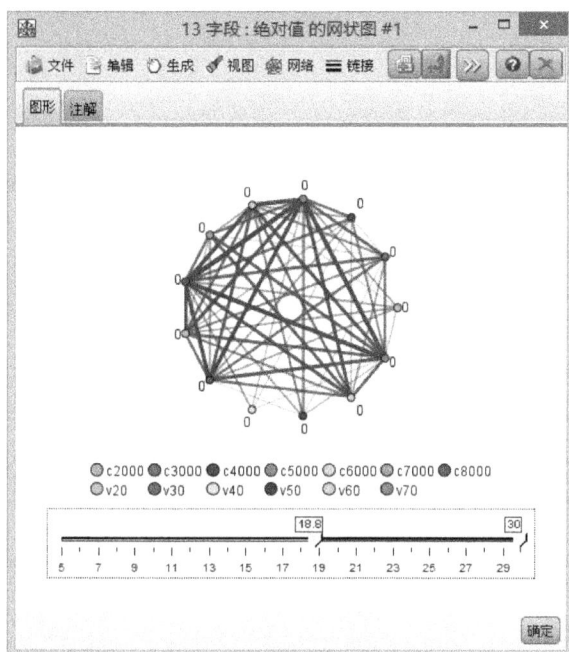

图 2-45　关联模型查看窗口

### 2.4.3　趋势分析

趋势分析即通过对采集的部分数据,用曲线进行拟合,从而观察数据的变化过程及趋势,从整体上掌握数据变化的特点。因此,结合 SPSS 软件对曲线拟合的应用和操作过程作详细的介绍,可采用部分感应线圈的采集数据,对相应时刻的流量进行预测,原始数据如表 2-24 所示。

检测器采集的部分流量数据　　　　　　　　　　　　　　　　　　　表 2-24

| 时间 | 9:00:00 | 9:05:20 | 9:10:20 | 9:15:20 | 9:20:20 | 9:25:20 |
|---|---|---|---|---|---|---|
| 交通流量(辆) | 136 | 120 | 127 | 123 | 128 | 135 |
| 时间 | 9:30:20 | 9:35:20 | 9:40:20 | 9:45:20 | 9:50:20 | 9:55:20 |
| 交通流量(辆) | 133 | 134 | 142 | 145 | 135 | 143 |

1)操作步骤

首先将数据输入在 SPSS 中,在菜单栏中点击[**分析**]按钮,并在[**分析**]下拉列表中选择[**回归**],在[**回归**]下拉列表中选择[**曲线估计**],即可弹出[**曲线估计**]对话框,如图 2-46 所示。在[**因变量**]框中选择[**流量**]数据,在[**自变量**]框中选择时间,之后在模型中选择线性、增长、对数和 Logistic 模型,此模型可以一一选择,比较其拟合效果,从中选择最优。这里只从中选择其中的几种以作示范。

2)输出结果

输出的主要结果为各拟合模型的方差分析表,这里不作解释,主要分析各种模型拟合的趋势图,从中分析拟合的优劣以及数据的发展趋势。从图 2-47 中可以看出,线性模型(Linear)、增长模型(Growth)和 Logistic 模型的拟合效果基本上是一致的,而对数模型(Logarithmic)则呈现先快速增长后缓慢增长的趋势。从中也可以看出,流量数据在整体上是增长的,且是线性增长趋势。

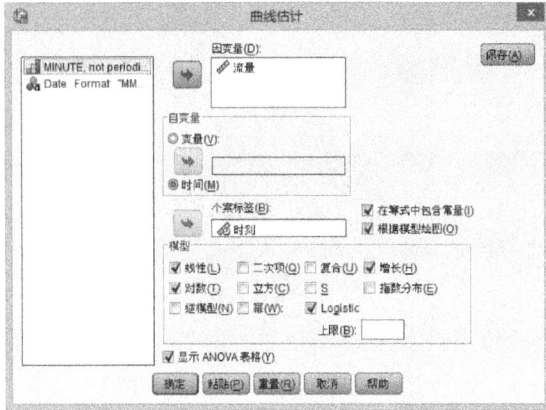

图 2-46　曲线估计对话框示意图

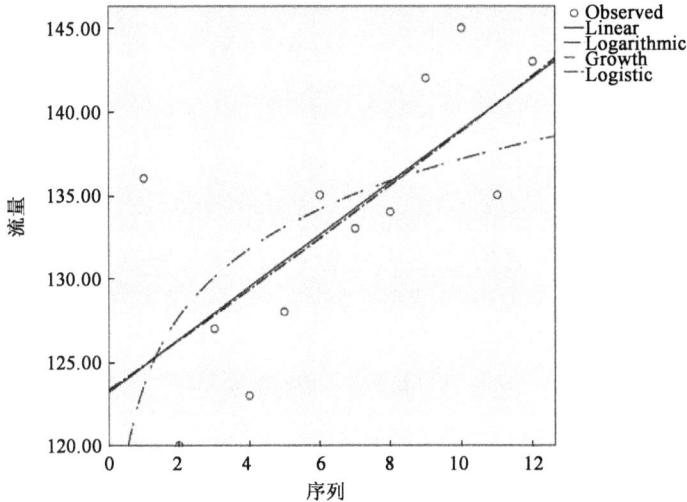

图 2-47　曲线趋势拟合图

### 2.4.4　预测分析

在交通领域有多种预测交通信息数据的预测模型和算法,例如时间序列法、灰色预测法、神经网络等,但最基础的预测方法还是时间序列法。因此,结合 SPSS 软件对时间序列法的应用和操作过程作详细介绍,采用部分感应线圈的采集数据,对相应时刻的流量进行预测,原始数据如表 2-25 所示。

检测器采集的部分流量数据　　　　　　　　　　　　　　　　表 2-25

| 时间 | 9:00:00 | 9:05:20 | 9:10:20 | 9:15:20 | 9:20:20 | 9:25:20 |
|---|---|---|---|---|---|---|
| 交通流量(辆) | 136 | 120 | 127 | 123 | 128 | 135 |
| 时间 | 9:30:20 | 9:35:20 | 9:40:20 | 9:45:20 | 9:50:20 | 9:55:20 |
| 交通流量(辆) | 133 | 134 | 142 | 145 | 135 | 143 |

1）时间序列法介绍

若系统中的观测值（时间间隔相同）排列成一个数值序列，则时间序列法就是通过处理预测目标的时间序列数据，获得事物随时间过程的演变特性与规律，进而预测事物的未来发展。该预测方法可做点预测、区间预测和密度预测。在交通中的应用较为广泛，例如可做流量、速度等的预测。时间序列预测法可用于短期、中期和长期预测。根据对资料分析方法的不同，又可分为：简单序时平均数法、加权序时平均数法、移动平均法、加权移动平均法、趋势预测法、指数平滑法、季节性趋势预测法、市场寿命周期预测法等。

2）操作步骤

首先需定义日期，在菜单栏中单击[数据]按钮，并在数据下拉列表中选择[定义日期]，即可弹出[定义日期]对话框，如图2-48所示。由于定义日期只是用于建立时间序列周期性和标注来自时间序列分析的输出，并不必与原始数据的时刻相吻合，因此可选择分钟作为定义的日期，并从第0min开始算起。

接着创建时间序列，即在菜单栏中点击[转换]按钮，在下拉列表中选择[创建时间序列]，即可弹出[创建时间序列]的对话框，如图2-49所示，选择刚才定义日期后出现的MINUTE_1作为变量，

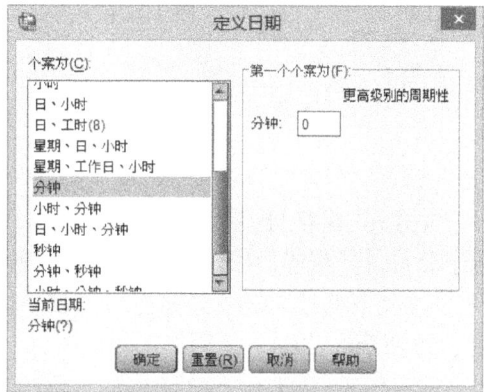

图2-48 定义日期对话框示意图

创建时间序列，然后点击确定即可。则新出现一列DIFF（MINUTE_1），由于是相邻两个数据的差，则该列数据缺少第一个数据，因此要对数据进行补充，依然在[转换]下选择[替换缺失值]，在弹出的[替换缺失值]对话框中，将该列旋紧新变量框中，并在方法中选择[序列平均值]，如图2-50所示，单击[确定]，即可将该列数据补充完整。

最后进行预测，即在菜单栏中单击[分析]按钮，在下拉列表中选择[预测]，并在[预测]中弹出的列表中选择[创建时间模型]，即可弹出[时间序列建模器]的对话框，如下图所示，在[变量]选项下，将变量框中的[流量]和[MINUTE]分别放进因变量框和自变量框中；在[Statistic]选项中，将[预测值]选中，预测值将以表格的形式表示出来，如图2-51所示。

图2-49 替换缺失值对话框示意图

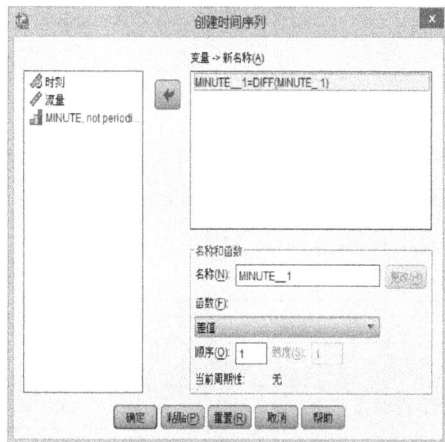

图2-50 创建时间序列对话框示意图

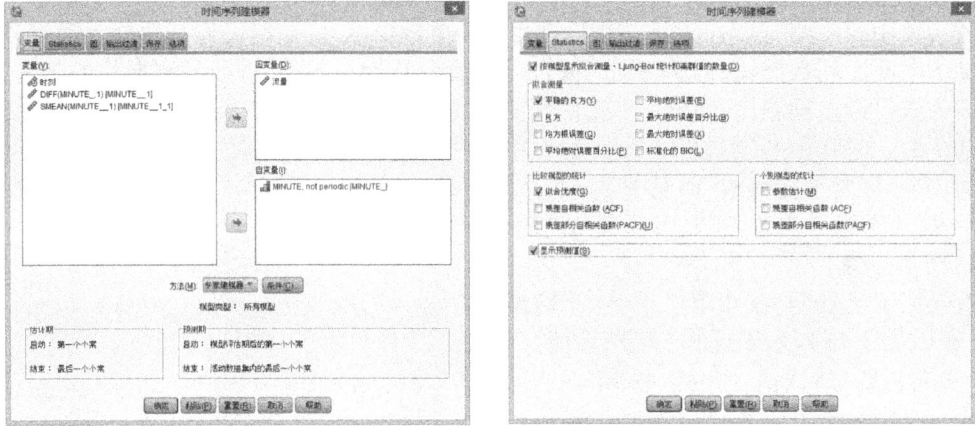

图 2-51　时间序列建模器对话框变量和 Statistic 设置示意图

并且在[保存]选项中将[预测值]勾选,为了在变量视图中将相应的预测数据显现出来,便于分析;将[选项]中预测期框内的[模型评估期后的第一个个案到指定日期之间的个数]选中,并在其下的日期框中分钟栏填写 15,即预测到第 15 项的数据。然后单击[确定]即可,如图 2-52 所示。

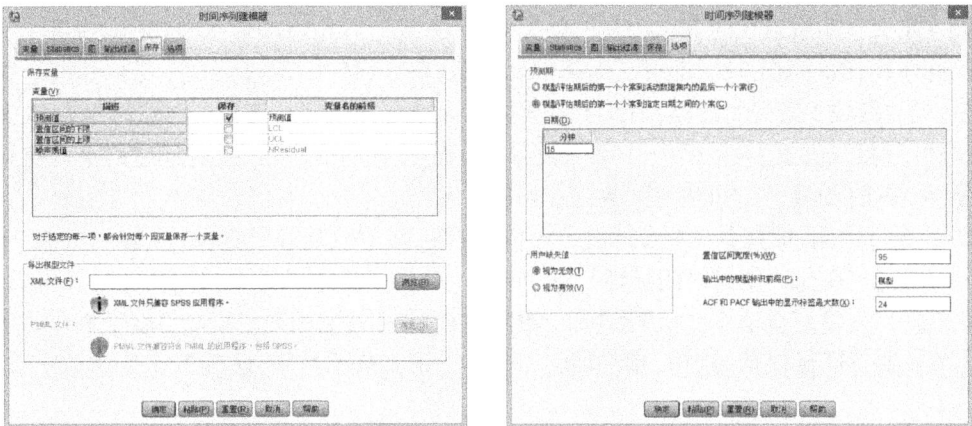

图 2-52　时间序列建模器对话框保存和选项设置示意图

3)结果输出

结果输出中主要出现的有预测值表,如表 2-26 所示预测值主要有预测值和上下限值,以便于分析预测的范围,较为准确地把握预测的可靠性。其中,UCL 表示预测范围的上限值,LCL 表示预测范围的下限值。

预 测 值 表　　　　　　　表 2-26

| 模　　型 | | 12 | 13 | 14 | 15 |
|---|---|---|---|---|---|
| 流量-模型_1 | 预测 | 143.01 | 144.58 | 146.15 | 147.72 |
| | UCL | 155.68 | 157.25 | 158.82 | 160.39 |
| | LCL | 130.35 | 131.92 | 133.49 | 135.06 |

另外,还有预测趋势图,如图 2-53 所示,将原始数据和预测值同时在一张图标里表现出来,可以直观地把握整体数据的发展趋势和预测值。

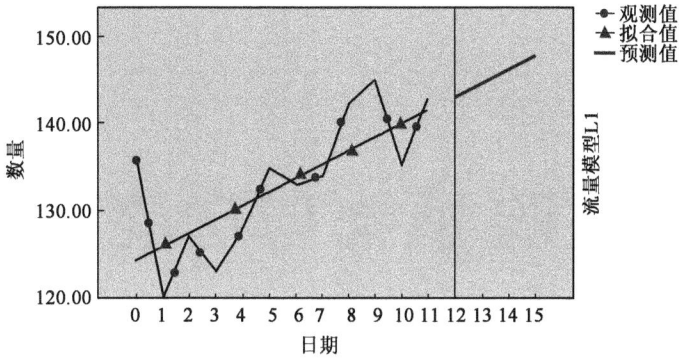

图 2-53  数据预测图

# 第 3 章

# Synchro 实验系统与功能操作

## 3.1 图例窗口

通过单机计算机桌面的[开始] → [所有程序] → [**Trafficware**] → [**Synchro**]进入 Syn-
chro 软件界面(或者直接双击桌面上的 Synchro 6 图标进入 Synchro 软件界面)。

要激活[**图例窗口**],只要鼠标左键单击[**图例窗口**]按钮或在程序的任何地方按下 F2 键。
默认状态下,Synchro 将在程序启动时显示[**图例窗口**],如图 3-1 所示。

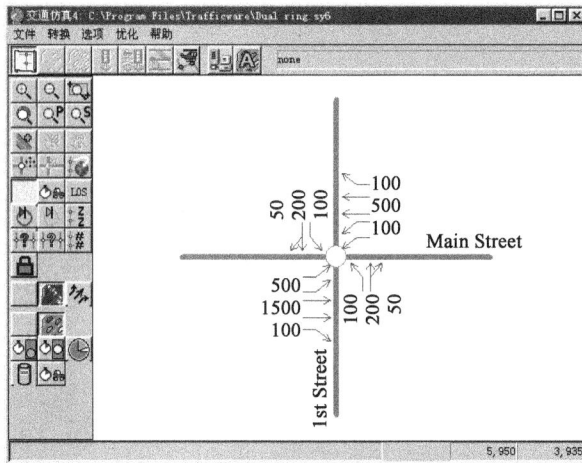

图 3-1  图例窗口

［**图例窗口**］包括绘图区域和地图信息按钮。

绘图区域就是创建交通网络的区域,位于图例窗口的右侧区域。

在图例窗口左侧的是地图信息按钮。这些按钮被分为独立的三组,包括:路口信息[节点号、区域、周期长度、延误和服务水平(LOS)],箭头(显示车道和运动状态),车流信息(流量、绿信比、绿灯和黄灯开始时间、占有率、车辆延误)。

在 Synchro 顶部的一排水平按钮用于切换 Synchro 中的各个输入窗口。这些窗口按钮包括:

(1)［**图例窗口**］按钮:用这一按钮或 **F2** 键激活［**图例窗口**］。此按钮总是处于激活状态。

(2)［**车道窗口**］按钮:用这一按钮或 **F3** 键切换到车道窗口。只有在某一交叉路口被选定的情况下,该按钮才处于激活状态。

(3)［**流量窗口**］按钮:用这一按钮或 **F4** 键切换到流量窗口。只有在某一交叉路口被选定的情况下,该按钮才处于激活状态。

(4)［**信号配时窗口**］按钮:用这一按钮或 **F5** 键切换到信号配时窗口。只有在某一交叉路口被选定的情况下,该按钮才处于激活状态。

(5)［**相位窗口**］按钮:用这一按钮或 **F6** 键切换到相位窗口。只有在某一交叉路口被选定的情况下,该按钮才处于激活状态。

(6)［**时距图表窗口**］按钮:用这一按钮或 **F7** 键切换到时距图表窗口。只有在某一交叉路口或道路被选定的情况下,该按钮才处于激活状态。

(7)［**选择交叉路口**］按钮:用这一按钮或 **F8** 键列出网络上所有的交叉路口。选择某个交叉路口单击［**确认**］键,就能从当前窗口切换到该交叉路口。除此之外,绘图区域将把该交叉路口置于地图中央。该按钮总是处于激活状态。

(8)［**数据库**］按钮:用这一按钮或 **CTRL + D** 切换到数据库窗口。该按钮总是处于激活状态。

(9)［**动态模拟**］按钮:用这一按钮或 **CTRL + G** 键可以运行 **Simtraffic** 程序,并把当前文件装载到 **Simtraffic** 进行模拟中。该按钮总是处于激活状态。

# 3.2 常用命令

1)地图设置,颜色和大小

通过［**选项**］→［**图例设置**］可以改变地图的外观,如图 3-2 所示。这个命令可修改地图组成部分的颜色和大小,除此之外还可以控制街道名称的外观。

改变颜色:单击所要修改部分的［**颜色**］按钮,然后在弹出的颜色窗口选择需要的颜色。

街道名称的高度、道路宽度及交叉路口半径的单位是英尺(1 英尺为 0.3048m)。这些组成部分会随地图的缩放而缩放。

2)缩放和移动

单击［**缩小**］按钮或按下 **Page Up** 键,可以缩小

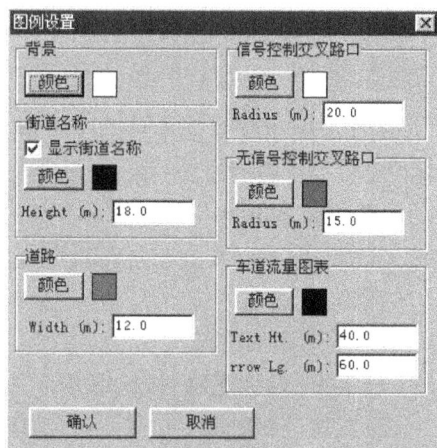

图 3-2 图例设置

地图并看到地图的更多部分。

单击[**缩放至初始状态**]按钮或按下 **Home** 键,可以查看整个地图。

单击[**放大**]按钮或按下 **Page Down** 键,可以将地图拉近。在进行这项操作之前应把地图置于屏幕中心。

要查看地图上的某一确定部分,可用[**缩放窗口**]按钮或按下 **W** 键。然后用鼠标从这一部分的左上角至右下角拖出矩形框即可。

以特定比例查看地图,可用[**缩放比例**]按钮或按下 **Shift + S** 键。然后输入查看地图所期望的比例,以一英寸代表多少英尺(一英寸代表多少米)表示。此命令假定使用者屏幕为每 100 像素为 1in。

返回上次示图,可用[**缩放至前一状态**]按钮或按下 **Ctrl + Backspace** 键。

要把当前所看到的部分地图上下左右的移动,可使用方向键。也可把鼠标置于当前部分的边缘,直到鼠标变为指示移动方向的箭头,此时单击鼠标左键地图就会相应的移动。

3)旋转、设置比例和移动地图坐标系统

用[**切换图例**]按钮来移动、设置比例或转动整幅地图。如果所用地图初始是用不同的坐标系进行布置,则可用此命令更改。

如果要进行地图(背景图)切换,可按以下步骤进行:

(1)选择[**切换图例**]按钮命令。

(2)单击一个在新坐标系中已知坐标的交叉路口。

(3)[**切换图例**]窗口将显示选定交叉路口的已存坐标,输入该交叉路口的新坐标并单击[**确认**]。

(4)输入一个比例系数或旋转角,所选交叉路口将作为比例和转角的原点。

(5)地图将被切换,原有背景图都将被清除。

所更改的背景图坐标系必须使用 AUTOCAD 生成的 DXF 文件。读取 DXF 文件后通过 SCALE、MOVE 和 ROTAE 命令调整。如果 DXF 文件被更改,可通过[**文件**]→[**DXF**]→[**背景输入**]命令重新导入。

此外,另一种改变地图的坐标系的方法是利用 UTDF 数据接口访问特征的 LAYOUT 表。

## 3.3　道路与交叉路口

Synchro 通过建立街道和路口作为路段和节点的模型。用户可以在[**图例窗口**]中建立路段和节点。在[**图例窗口**]中,一条直线代表一条车道,一个圆圈代表一个交叉路口。

在研究区域的每一个有信号控制的路口都用交叉路口表示;而其他的交叉,如无信号控制的交叉、全向停车以及高速公路匝道合流处等,通常不用交叉路口表示。

1)添加道路

给地图上添加道路:

(1)单击[**增加道路**]按钮或按下 **A** 键。

(2)按住[**Shift**]键进行上述的操作,可以绘制正南正北方向或者斜 45°方向的直线。

(3)当需要创建一个不同坡度的路段时,按住 **Ctrl** 键。

(4)在地图上用鼠标在想要画的道路的位置按下鼠标左键。位于窗口右下方的状态栏会显示以东、南为起始的坐标,以 ft 表示(或 m)。

**注意**:要取消添加道路,可按下 **ESC** 键。

(5)拖动鼠标在你希望道路结束的地方松开鼠标,再次按下鼠标左键。参考窗口下方状态栏的道路长度和方向。

当添加道路的时候,距离不需要追求过分精确。但道路长度仍然需要保证与实际误差在50ft 内,否则仿真时可能会出现问题。道路长度可在[**道路设置**]窗口调整。

2)添加曲线

右键单击需要弯曲的路径,选择[**添加曲线**]。在路径上会出现两个矩形框,移动两个矩形框便可调整曲线的曲率。曲线调整控制点不必位于曲线上,控制点通过决定曲线的起始两点的切线方向来确定曲线的形状。如果需要去掉曲线的曲率,选中弯曲部分的路径,通过右键删除曲率命令进行删除。新建立的路径与曲线路径相交时不能自动产生一个节点。

3)添加交叉路口

没有一个能够直接在地图上添加交叉路口的命令。为了创建一个交叉路口,只需让两条以上的道路互相交叉即可。要在一条道路的中段插入一个交叉路口,只需在道路两端之间合适的位置添加一条道路即可。当在一个道路的中间建立了交叉路口后,道路会在交叉路口的两头自动分为两段。

4)绘制间距很小的交叉路口

当加入道路时,Synchro 会把道路连到最近的节点上。为了减小因此产生的跳跃距离,需要单击在[**选项**]菜单下的[**图例设置**]减小有信号控制交叉路口的半径。推荐半径大小为最小的交叉路口间距的1/3。即如果要建立相距90ft 的交叉路口,需把代表交叉路口的圆圈半径设为30ft。

5)删除道路

在地图上删除道路:

(1)用鼠标左键点击该道路以选定它。

(2)按下 **Delete** 键或单击[**删除道路**]按钮。

(3)对弹出的对话框[**Delete Link, are you sure?**](是否确定删除路段)选择[**Yes**]。

6)删除交叉路口

在地图上删除交叉路口:

(1)用鼠标左键单击交叉路口选定它。

(2)按下 **Delete** 键或选择[**删除节点**]按钮。

(3)对弹出的对话框[**Delete Intersection, are you sure?**](是否确定删除交叉口)选择[**Yes**]。

7)如何移动交叉路口或外部节点

在地图上移动交叉路口和外部节点:

(1)选择[**移动节点**]按钮或按下 **M** 键。

(2)用鼠标左键单击选择交叉路口,或外部道路的端点。(注意:如果想在单击后取消移动节点的操作,可按下 **ESC** 键或在节点原来位置按下鼠标。)

(3)把节点拖拉到新位置,然后按下鼠标左键。

8)道路设置

每个道路都有其属性,包括道路名称、道路限制速度、道路长度等。

要编辑道路属性,双击要编辑的道路打开道路属性对话框。如果道路已经选定,还可选择[道路设置]按钮或按下 **Enter** 键弹出对话框,如图 3-3 所示。

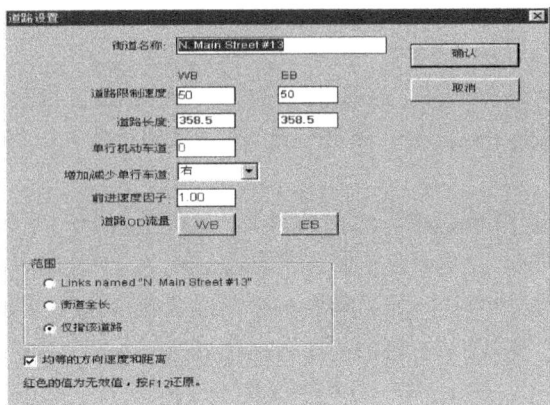

图 3-3　道路设置

(1)街道名称

命名一条道路,其名称会出现在地图上。

(2)道路限制速度

[**道路限制速度**]用于输入道路限制速度,就是车辆沿道路行驶的正常安全速度,通常也是该路段的限速。

(3)道路长度

[**道路长度**]可用于调整道路的长度。用鼠标添加一条距离精确的道路是很困难的,而这一特性则可让用户精确地输入道路长度。

(4)单行机动车道

车道是具有方向性的,并且只可以为已有的道路和接近转弯点的道路设置。使用[**车道窗口**]为普通道路设置车道。Synchro 通过检查下游可用的车道数或上游接入的车道数决定道路所需的车道数。

(5)前进速度因子

在[**车道窗口**]中设置道路交叉路口的前进速度因子。

(6)道路 OD 流量

道路流量平衡允许对两个相邻交叉路口起终点流量的精细控制。流量平衡可用于减少或消除某些连续转弯,如防止车辆在高速公路或宽大主干道上连续两次左转。[**道路原始和目标流量**]窗口显示了总流量在输入输出流量分配的流量权重因子。

(7)范围

[**道路全长**]选项可以把与所选道路首尾相连的、方向上大约一致的道路的名称和速度设为一致,这一选项对于一次把道路整体统一命名特别有用;如果想把设定对象改为仅被选定道路,则选择[**仅在这一道路**]选项;[**名为 X 的道路**]选项允许在拥有相同名称的主干道的某一部分做出改变。

(8)均等的方向速度和距离

[**均等的方向速度和距离**]选项允许用户在一条道路的双向输入均等的速度和距离;若要

输入不同的距离或速度,则取消这一选项。

9)交叉路口属性

[**交叉路口属性**]窗口可以编辑、显示如下内容(图3-4):

①交叉路口标号;

②区域;

③周期时长;

④控制器类型;

⑤锁定信号配时;

⑥坐标。

双击一个交叉路口或交叉路口组可激活[**交叉路口属性窗口**]。当一个或多个交叉路口已经选定的时候,按下 **Enter** 键也能激活该窗口。

(1)选择交叉路口

用[**选择交叉路口**]按钮或 **F8** 打开交通网络中交叉路口的列表,即进入[**选择交叉路口**]窗口,如图3-5 所示。

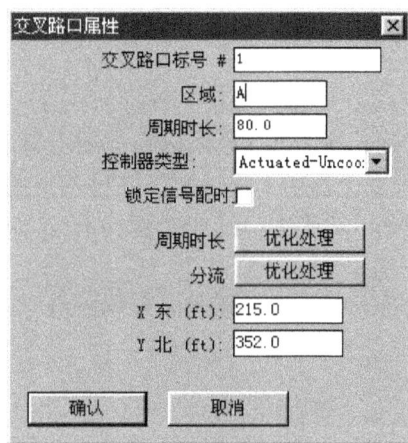

図3-4 交叉路口属性窗口

図3-5 选择交叉路口窗口

从列表中选择一个交叉路口按下**确认**键,将从当前窗口跳到所选的交叉路口,并且该交叉路口位于地图中央。

[**显示交叉口编号**]选项可以用来选择在显示交叉路口时同时显示节点号。

[**选择**]选择框用以确定在列表中显示交叉路口还是命名的主干道。

[**范围**]选择框可用于查看整个路网或特定区域内的列表。

(2)节点号

按下[**显示节点号**]按钮或 # 键可查看路段节点号。所有的交叉路口和外部节点都有一个编号,在[**交叉路口属性**]窗口可以改变节点号。

(3)区域

Synchro 允许把交叉路口划分给区域。区域对于研究路网的局部有重要作用,它可以用来保持某些交叉路口配时不变,而改变另一些交叉路口的配时。

按下[**显示交叉路口区域**]按钮或 **Z** 键可以查看区域名称,通过[**交叉路口属性**]窗口可以改变区域名称。

## 3.4 运动内容和箭头种类

(1)绿灯亮灯时刻,黄灯亮灯时刻

按下[**绿灯亮灯时刻**]按钮显示各车流绿灯时间的起始状态,同时显示交叉路口信号周期长度,这样能将车流行进的状况数字化地显示出来。

按下[**黄灯亮灯时刻**]按钮显示各车流黄灯时间的起始状态,同时显示交叉路口信号周期长度。

(2)最大绿灯时长

选择[**最大绿灯时长**]按钮或按下 **G** 键可显示以秒为单位的每一相位最大绿灯时长,同时显示周期长度。

(3)车辆延误时间

选择[**显示车辆延误时间**]按钮或按下 **D** 键显示每个路口的延误信息。显示的延误可以是韦伯斯特的,也可以是百分点的,这取决于网络设定。

(4)流量和车道图

[**图例窗口**]可以显示交通流量图和车道轮廓图。这些图都可以在交通报表中打印出来。

在[**图例窗口**]左侧选择[**在地图上显示流量**]按钮或按下 **V** 键,可以在地图上显示流量;选择[**在地图上显示车道**]按钮或按下 **L** 键,可以在地图上显示车道;选择[**在地图上显示车辆流向箭头**]按钮,可以在地图上显示车辆流向箭头;选择[**无箭头**]或[**无车辆文本**]按钮或按下 **Shift + Space** 键,可以清除信息。

使用[**文件**]菜单下的[**打印窗口**]命令可以打印带有车道和流量图的图例窗口。

## 3.5 车道窗口

在程序中按下 **F8** 键弹出列表选择路口,然后单击[**车道窗口**]按钮或按 **F3** 键弹出车道窗口,如图 3-6 所示。车道窗口用来输入车道和几何信息。

车道窗口包括以下内容:

(1)车道及其分配。

(2)理想饱和车流:在此项中输入单个车道的理想饱和车流,HCM(1997)推荐使用每车道每小时通过量为 1900 辆,该值为默认值。

(3)车道宽度:输入每个车道组平均车道宽度(以 ft 或 m 为单位),默认值为 2ft(3.6m)。

(4)等级:用于输入每条道路的等级百分比数,默认值为 0。

(5)区域类型:交叉口位于中心商业区或其他类型地区,分别输入"CBD"或"Other",默认值为"Other"。

(6)排队等候车道长度:排队等候车道长度是指转弯区的长度,以 ft 或 m 为单位。

(7)排队等候车道数:对排队等候区里的左转或右转的车道数进行编码,只有在排队等候车道长度大于零时才出现此值。

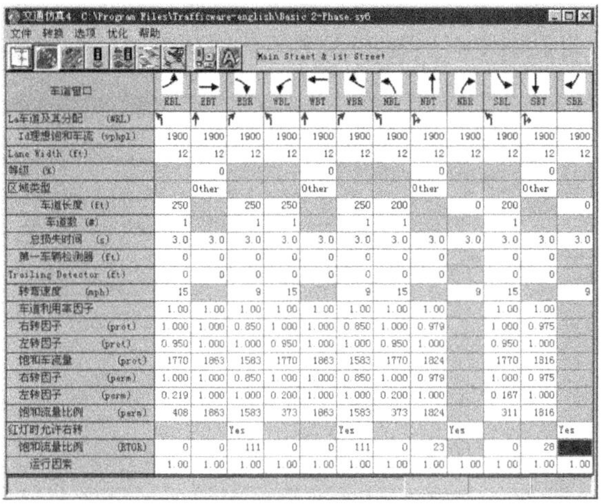


| 车道窗口 | EBL | EBT | EBR | WBL | WBT | WBR | NBL | NBT | NBR | SBL | SBT | SBR |
|---|---|---|---|---|---|---|---|---|---|---|---|---|
| La车道及其分配 (#RL) | | | | | | | | | | | | |
| Id理想饱和车流 (vphpl) | 1900 | 1900 | 1900 | 1900 | 1900 | 1900 | 1900 | 1900 | 1900 | 1900 | 1900 | 1900 |
| Lane Width (ft) | 12 | 12 | 12 | 12 | 12 | 12 | 12 | 12 | 12 | 12 | 12 | 12 |
| 等级 (%) | | 0 | | | 0 | | | 0 | | | 0 | |
| 区域类型 | | Other | | | Other | | | Other | | | Other | |
| 车道长度 (ft) | 250 | | 250 | 250 | | 250 | 200 | | 0 | 200 | | 0 |
| 车道数 (#) | 1 | | 1 | 1 | | 1 | 1 | | | 1 | | |
| 总损失时间 (s) | 3.0 | 3.0 | 3.0 | 3.0 | 3.0 | 3.0 | 3.0 | 3.0 | 3.0 | 3.0 | 3.0 | 3.0 |
| 第一车辆检测器 (ft) | 0 | 0 | 0 | 0 | 0 | 0 | 0 | 0 | | 0 | 0 | |
| Trailing Detector (ft) | 0 | 0 | 0 | 0 | 0 | 0 | 0 | 0 | | 0 | 0 | |
| 转弯速度 (mph) | 15 | | 9 | 15 | | 9 | 15 | | 9 | 15 | | 9 |
| 车道利用率因子 | 1.00 | 1.00 | 1.00 | 1.00 | 1.00 | 1.00 | 1.00 | 1.00 | | 1.00 | 1.00 | |
| 右转因子 (prot) | 1.000 | 1.000 | 0.850 | 1.000 | 1.000 | 0.850 | 1.000 | 0.979 | | 1.000 | 0.975 | |
| 左转因子 (prot) | 0.950 | 1.000 | 1.000 | 0.950 | 1.000 | 1.000 | 0.950 | 1.000 | | 0.950 | 1.000 | |
| 饱和车流量 (prot) | 1770 | 1863 | 1583 | 1770 | 1863 | 1583 | 1770 | 1824 | | 1770 | 1816 | |
| 右转因子 (perm) | 1.000 | 1.000 | 0.850 | 1.000 | 1.000 | 0.850 | 1.000 | 0.979 | | 1.000 | 0.975 | |
| 左转因子 (perm) | 0.219 | 1.000 | 1.000 | 0.200 | 1.000 | 1.000 | 0.200 | 1.000 | | 0.167 | 1.000 | |
| 饱和流量比例 (perm) | 408 | 1863 | 1583 | 373 | 1863 | 1583 | 373 | 1824 | | 311 | 1816 | |
| 红灯时允许右转 | | | Yes | | | Yes | | | Yes | | | Yes |
| 饱和流量比例 (RTOR) | 0 | 0 | 111 | 0 | 0 | 111 | 0 | 23 | | 0 | 28 | |
| 运行因素 | 1.00 | 1.00 | 1.00 | 1.00 | 1.00 | 1.00 | 1.00 | 1.00 | 1.00 | 1.00 | 1.00 | 1.00 |

图3-6 车道窗口

(8)总损失时间:指相位变换所损失的时间数,包括启动损失时间加上不可用的出清时间,此值至少为3.0s。

(9)第一车辆探测器:指从第一车辆探测器的前边缘到停车线间的距离(以ft或m为单位),每个车道组都需要输入此值。

(10)跟踪探测器:指从跟踪探测器的后边缘到停车线间的距离(以ft或m为单位)。为每一个车道组输入此值。

(11)转弯速度:指车辆在交叉口内的速度,以mile/h(或km/h)为单位。

(12)车道利用率因子:当一个车道组不只一条车道时,对各车道的使用是不一样的。车道利用率因子会影响饱和车流量,其具体取值参见用户手册。

(13)左/右转因子:均可以通过计算得出,同时也可以被忽略掉。它们代表左转/右转交通对饱和车流率的影响程度。有关左/右转因子计算的细节问题可参看HCM(1997)。

(14)饱和车流量:饱和车流量是调整所有干扰因子后车道组的实际最大流量,数值上为排队等候车道数、理想饱和车流和干扰因子的乘积。其中,干扰因子受重型车辆、汽车、停车、车道宽度、区域类型、等级、转弯运行等因素影响。

(15)饱和流量比例:Synchro自动为RTOR计算饱和流量比例,并将此饱和流量比例应用到红灯运行。

(16)红灯时允许右转:该项用于说明是否允许红灯右转。

(17)运行因素:运行因素用于调整车头时距和各车道组的饱和流量比例。运行因素基于车道宽度、等级、停车、公交停车、区域类型等,可以通过计算得出,也可忽略不计。

## 3.6 流量窗口

在[**图例窗口**]中,右键单击需要的交叉口并选择[**流量窗口**];或在程序中的任一处,按**F8**键并从列表中选择需要的交叉口,然后按[**流量窗口**]按钮或者按**F4**键,均可弹出流量窗口。

在[**流量窗口**]显示的表格中可以输入车道和几何信息,如图 3-7 所示。

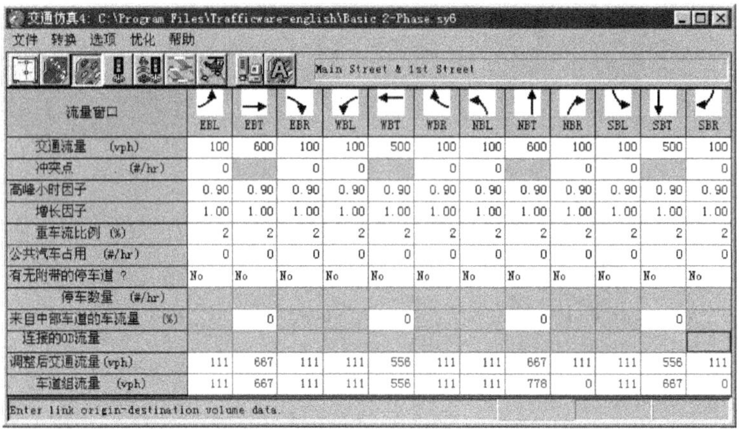


| 流量窗口 | EBL | EBT | EBR | WBL | WBT | WBR | NBL | NBT | NBR | SBL | SBT | SBR |
|---|---|---|---|---|---|---|---|---|---|---|---|---|
| 交通流量 (vph) | 100 | 600 | 100 | 100 | 500 | 100 | 100 | 600 | 100 | 100 | 500 | 100 |
| 冲突点 (#/hr) | 0 | | 0 | 0 | | 0 | 0 | | 0 | 0 | | 0 |
| 高峰小时因子 | 0.90 | 0.90 | 0.90 | 0.90 | 0.90 | 0.90 | 0.90 | 0.90 | 0.90 | 0.90 | 0.90 | 0.90 |
| 增长因子 | 1.00 | 1.00 | 1.00 | 1.00 | 1.00 | 1.00 | 1.00 | 1.00 | 1.00 | 1.00 | 1.00 | 1.00 |
| 重车流比例 (%) | 2 | 2 | 2 | 2 | 2 | 2 | 2 | 2 | 2 | 2 | 2 | 2 |
| 公共汽车占用 (#/hr) | 0 | 0 | 0 | 0 | 0 | 0 | 0 | 0 | 0 | 0 | 0 | 0 |
| 有无附带的停车道? | No | No | No | No | No | No | No | No | No | No | No | No |
| 停车数量 (#/hr) | | | | | | | | | | | | |
| 来自中部车道的车流量 (%) | | 0 | | | 0 | | | 0 | | | 0 | |
| 连接的OD流量 | | | | | | | | | | | | |
| 调整后交通流量 (vph) | 111 | 667 | 111 | 111 | 556 | 111 | 111 | 667 | 111 | 111 | 556 | 111 |
| 车道组流量 (vph) | 111 | 667 | 111 | 111 | 556 | 111 | 111 | 778 | 0 | 111 | 667 | 0 |

图 3-7 流量窗口

[**流量窗口**]包括以下内容:

(1)交通流量:在每个进口道的空格中输入每个方向的小时交通量,输入量的单位为 vph。

(2)冲突点。

(3)高峰小时因子:交通量除以高峰小时因子就得到了这个小时内最繁忙的 15min 的交通流率。例如:小时流率:1000vph;高峰小时因子:0.9;调整的高峰流率:1000/0.9 = 1111(vph)。

(4)增长因子:增长因子用来调整交通量。当计算调整流量和车到流量时,原始流量数据要乘以增长因子。增长因子的取值范围为 0.5 ~ 3.0。

(5)重车流比例:此项用以输入某向车流中卡车或者公共汽车的百分数。该项的缺省值为 2%。

(6)公共汽车占用:此项用以输入每小时停车和形成拥堵的公交车数,此数据影响车道窗口中显示的饱和车流量。

(7)有无附带的停车道:如果该道路有街道停车,则在有无附带的停车道栏输入[**Yes**],并输入每小时停车数。

(8)停车数量:用于输入附带停车道的停车数。

(9)来自中部车道的车流量:显示来自汽车道和无信号交叉口的交通量比例。

(10)连接的 OD 流量:允许对两个邻近交叉口的起终点进行局部控制。连接的 OD 流量能够用来减少或消除某一转向组合,最普遍的应用就是防止车辆在高速路或有宽阔中央带的干道连续两次左转。(具体使用方法可参考用户手册。)

(11)调整后交通流量:调整后交通流量是经高峰小时因子和增长因子调整过的输入流量。

(12)车道组流量:车道组流量表明了流量在车道组中的分配方式。如没有转弯车道,转弯流量就被分配到直行车道组。

## 3.7　信号配时窗口

点开[信号配时窗口],在[图例窗口]中,右击交叉口并选择信号配时;或在程序中任一处,按 **F8** 键从列表中选择交叉口,然后按[信号配时窗口]按钮或按 **F5** 键。

[信号配时窗口]显示有关信号配时和相位的信息,如图 3-8 所示。

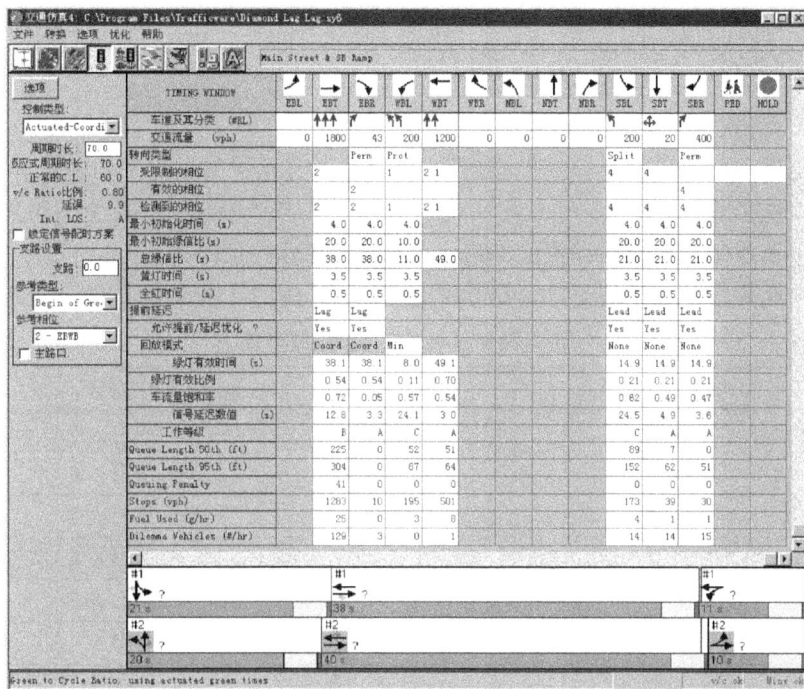

图 3-8　信号配时窗口

[信号配时窗口]包括车道数和交通流量的输入行、检测相位。检测输出包括排队长度、排队延误、停车次数、燃料消耗及被困车辆数。

1)相位模板(选项)

相位模板能够自动设置相位数。

为东西主干道设置相位,单击[选项]按钮,然后选择[设置东西模板相位];或者使用菜单命令[选项]→[相位模板]→[东西向的交叉路口]。为南北主干道设置相位,单击[选项]按钮,然后选择[设置南北模板相位];或者使用菜单命令[选项]→[相位模板]→[南北向的交叉路口]。

编辑模板相位,单击[选项]按钮,并选择[编辑模板相位],为每一直行和左转运行输入相位数;或者使用菜单命令[选项]→[相位模板]→[相位模板编辑]。

2)控制类型

控制类型区可以选择使用的控制类型。选择的类型包括定时控制、半感应非协调、感应非协调、感应协调和无信号。

3）周期时长

周期时长是各种灯色依次显示一次所需的时间。此设置用于输入交叉口目前设置的周期时长。

使用[选项]→[路网设置]命令,为新建交叉口设置缺省值或者改变所有的周期时长。Synchro 允许的最小值是3s。

4）自然周期时长

自然周期时长是提供可接受容纳能力的最短周期。一般来说,交叉口有一个最佳的服务水平的最优周期时长。

5）交叉口 $V/C$ 比率

本区显示了交叉口的容量—能力比率。

6）交叉口延误

交叉口延误项显示了交叉口的平均延误,通过取所有延误的加权平均值来计算。

7）交叉口服务水平

服务水平依赖于当前网络设置的 Webster 延误和百分比延误。

交叉口的服务水平利用交叉口延误并把它转换成如表3-1所示的等级字母来判别。

**不同服务水平对应车辆控制延误**                             表 3-1

| 服 务 水 平 | 每一车辆的控制延误( s ) |
|---|---|
| A | ≤10 |
| B | >10 并且 ≤20 |
| C | >20 并且 ≤35 |
| D | >35 并且 ≤55 |
| E | >55 并且 ≤80 |
| F | >80 |

8）锁定信号配时方案

锁定信号配时方案项可以防止配时发生变化。

9）相位差设置

相位差设置框中的设置决定了各相位的相位差和当前相位差的值。

相位差取值在0 和周期之间。如果是核心交叉口,相位差将取0。最佳相位差可用[**优化**]→[**交叉路口相位**]命令或时距图表中找到。

周期发生改变后要检查核心交叉口,可使用[**优化**]→[**交叉路口时间周期**]命令。查看哪一个交叉口是核心交叉口,打开图例窗口选择[**显示信号周期**]按钮,核心交叉口在周期旁边有"＊"标记。

10）车道及其分类

可以输入车道组对应车道数。对于每一车道组,输入车道数使其取值在0 ~ 5 之间。

11）交通流量

该区域用于对各方向小时交通流量进行输入。

12）标志控制

如果设置控制类型为"无信号"控制,如图3-9所示。则交叉口变为无信号,第三行变为标志控制(Sign Control)。

标志控制有三种选择:

自由通行(Free):交通流无须停车直接通过交叉口。

减速控制(Stop):交通流有让路标志和减速标志,只在必要时停车。

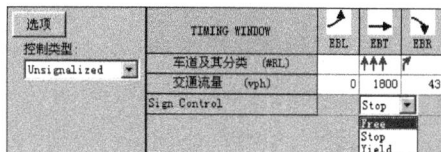

图3-9 无信号控制

停车控制(Yield):所有的交通流停车等待,直到全部冲突交通流被清除为止。

13)转向类型

转向类型是为左转和右转行为提供便利的设置。在设置转向类型之前,先使用相位模板为直向车流设置好相位数。

(1)左转类型:

左转类型有八种:

①允许型(Permitted):没有保护左转信号,左转车需要向接近的车流和行人让路。

②保护型(Protected):用左转信号保护左转车流,只有在左转相位时允许左转。

③允许+保护型(Permitted+Protected):有左转信号,当左转车流与接近车流有一段距离时允许其在绿灯时左转。

④绿信比型(Split):左转和直通车流共用一个保护相位。如果左转和直行交通流共用一条车道时,通常使用这种相位。如果在接近的左转车流之间存在迎面冲突,也使用绿信比相位。如果有一条通过路径,那么这两条路径都使用或都不使用绿信比相位。如果没有通过路径,如在T形交叉口处,那么对左转车流的处理通常是使用绿信比。

⑤Dallas允许型(Dallas Permitted):在德克萨斯地区发展起来的一种特殊类型的相位。左转车道有其自己的信号引导。左转信号引导设计成百叶窗式,使得毗邻车道看不到该信号装置。左转车道的信号灯显示了与对面直行车流相同的相位。这种方法减少了左转时滞问题。

⑥Dallas允许和保护型(Dallas Permitted Plus Protected):在德克萨斯地区发展起来的一种特殊类型的相位。左转车道有其自己的信号引导。左转信号引导设计成百叶窗式,使得毗邻车道看不到它。左转车道的信号灯显示了同接近直通车流显示相同的相位。这种排列方法减少了时滞性左转存车问题。

⑦NA型(NA):没有相位可以选择,禁止左转。

⑧自定义型(Custom):可以选择非标准的左转相位组合。

(2)右转类型

如果有右转交通流,对右转处理有一个选择项,包含八项选择。

注意:从直行或共用车道来的右转车流只使用这些运行的相位,右转相位只用于专用右转车道。

①允许型(Perm):不受保护,在绿灯显示下允许右转,遇到行人要让路。

②保护型(Prot):在绿灯显示下允许右转,受信号保护,不会受到行人的干扰。

③重叠型(Over):在相容的左转相位中可以右转。交叉重叠不能够代替在红灯显示下的右转。参照"红灯时允许右转指南"可以帮助选择使用类型。如果在交叉重叠相位中运行确实存在绿箭头,就只能使用交叉重叠型。

④允许+重叠型(Pm+Ov):这种右转弯重叠型显示一个右转弯箭头,同时允许左转弯和

直行相位容许的(圆形绿灯)指示。

⑤保护＋重叠型(Pt＋Ov):这种右转弯重叠型显示一个右转弯箭头,同时允许左转弯和与右转弯相关的直行车流。

⑥自由型(Free):在加速车道自由转弯,但是必须对行人让路。对于一个自由右转,将允许相位编码为"F"或"Free"。自由型不能够代替在红灯显示下的右转,如果运行在下游加速车道,就只能使用自由型。参照"红灯时允许右转指南"可以帮助选择使用类型。

⑦NA型(NA):没有右转相位,禁止右转。

⑧自定义型(Custom):输入非标准右转相位。

14)复合相位

复合相位的输入可以用空格将相位号隔开,其总绿信比是所有通行相位之和。如图3-10所示,西向直行的总绿信比时间是相位1(8.0s)与相位2(20.0s)之和,即28.0s。

| TIMING WINDOW | ↱ EBL | ↑ EBT | → EBR | ↰ WBL | ↑ WBT | ↳ WBR |
|---|---|---|---|---|---|---|
| 车道及其分类 (#RL) | | ↑↑↑ | | ↰ | ↑↑ | |
| 交通流量 (vph) | 0 | 1800 | 43 | 200 | 1200 | 0 |
| 转向类型 | | | Perm | Prot | | |
| 受限制的相位 | 2 | | | 1 | 2 1 | |
| 有效的相位 | | 2 | | | | |
| 检调到的相位 | 2 | | | 1 | 2 1 | |
| 最小初始化时间 (s) | | 4.0 | 4.0 | 4.0 | | |
| 最小初始绿信比 (s) | | 20.0 | 20.0 | 8.0 | | |
| 总绿信比 (s) | | 20.0 | 20.0 | 8.0 | 28.0 | |

图3-10 复合相位绿信比示意图

15)最小初始化时间

这一项是相位最小初始化绿灯时间,是相位显示绿灯的最短时间。缺省值为4.0s,Synchro中允许的最小值为1.0s。

16)最小初始绿信比

最小初始绿信比是给信号相位允许车辆通过的最短时间,应大于等于最小初始化时间加上黄灯和全红时间,通常该值为8.0s或以上。Synchro允许的最小值为3.0s。当Synchro自动分配绿信比时,会保证所有绿信比大于或等于最小初始绿信比(假定信号周期能容纳所有绿信比)。

17)总绿信比

总绿信比即当前绿信比时间,单位为s。它是分配给每一相位的绿灯、黄灯和全红时间的合计。当使用复合相位时,全部绿信比是所有相位之和,单位为s。交叉口的绿信比可用菜单中选择[优化]→[交叉路口绿信比]命令自动计算。

要调整绿信比,需要输入新的数值。这一相位将增加或减少该数值的时间,下一相位也会根据数值减少或增加。相位能调整的大小受下一相位和本相位及任何同时的相位绿灯时间的限制。进行调整时,将鼠标移到信号配时窗口底端,当前绿信比和相位图上的黄＋全红带的右端,光标将变成←|→。按下鼠标左键,将鼠标左右移动,调整绿信比;松开左键,所有其他受影响的色带将自动调整,并且任何变化的信息将通过上面的数字表示出来。建议不要用这种方法调整绿信比,因为如果周期长度改变了,相位改变了,或者交叉口布局改变了,Synchro会自动重新分配绿信比。建议用选择[优化]→[交叉路口绿信比]命令,Synchro就可为大部分的周期找到绿信比。

18)黄灯时间

黄灯时间是黄灯间隔持续时间。根据行驶速度、交叉口宽度及当地标准,此值一般定为3.0～5.0s,Synchro允许的最小值为2.0s。

用[选项]→[路网设置]命令,为新建交叉口设置缺省值或改变所有黄灯时间。

19)全红时间

全红时间是黄灯结束所有信号灯均处于红灯间隔的持续时间。全红时间应足够长,以使另一相位放行前将交叉口内的车辆予以清除。

TRANSYT 和 CORSIM(只有定时)中秒数不允许有小数。如果打算在这些模型中使用这些数据,就要保证黄灯时间加上全红时间等于整数。

为新建交叉口设置缺省值,或改变所有全红时间,用[选项]→[路网设置]命令。

20)提前延迟

将同一循环转换的前两个相位被看成是一组相位。如果循环转换序列中用到了第3相位和第4相位,也将其看成一组相位。提前延迟用来交相位换组的顺序。一般情况下,相位组包括 1 和 2、3 和 4、5 和 6、7 和 8;相位的正常顺序为 1 – 2 – 3 – 4 及 5 – 6 – 7 – 8。

如果一个相位的提前延迟被设置成"滞后",它将置于原来在它之后的相位后面;如果一个偶数号相位被设置成"超前",它将位于原在它之前的奇数号相位前面。通常,左转使用奇数号相位,直行使用偶数号相位。如果要使左转成为滞后相位(也就是左转车流置于对向直行车流之后),那么就将该相位设为"滞后",对向直行相位会自动设为"超前"。

21)允许提前/延迟优化

Synchro 的特点之一是能优化相位顺序。当优化相位差时,Synchro 将检查所有提前/延迟相位组合以增加交通流量。

22)调用模式

调用模式可包括无调用、最小值调用、最大值调用、行人调用和协调调用。

(1)无调用(No Recall):该相位可跳过。

(2)最小值调用(Minimum Recall):相位总是达到其最小值,不能跳相。

(3)最大值调用(Maximum Recall):相位总是显示其最大值,并且无检测。不能跳相或转换,也不能被延长。

(4)行人调用(Pedestrian Recall):此相位显示行走相位。直到行走和禁止行走间隔过去后,才能跳相或转换。

(5)协调调用(Coord Recall):只用于协调信号。这个相位显示其最大值与前面相位未使用的时间之和。

23)绿灯有效时间

绿灯有效时间代表信号处在感应模式时观察到的平均绿灯时间。如果是跳相或转换,这个值可能比最大绿灯时间小。

24)绿灯有效比例

绿灯有效比例为平均感应绿灯时间与感应周期长度之比。

25)车流量饱和率

车流量饱和率($V/C$)是使用感应绿灯时间和周期长度的一个 $V/C$ 的比值。$V/C$ 表明每一个车道组阻塞的量。车流量饱和率大于或等于 1 说明实际车流量超过了通行能力。

26)百分数信号延误

延误有两个选项类别,分别为 Webster 和百分数。要改变选项,选择[选项]→[路网设置]或双击延误行。当要求与《公路通行能力手册》相适应时,通行能力的计算用 Webster 延误。百分数延误用于分析协调、感应和阻塞的影响。计算的完整描述见百分数延误计算的讨论。

27）服务水平

车道组服务水平的计算是根据延误的长度将延误转化为一个代表字母：（A～F）。

28）排队长度

排队长度行显示了第 50 位百分数最大排队长度和第 95 位百分数最大排队长度。第 50 位的百分数最大排队长度是在一个典型周期中排队的最大值，第 95 位百分数最大排队长度是在第 95 位百分数流量排队长度的最大值。

脚注"～"表明进口流量超过了通行能力，此时队列可能会很长。排队长度理论上是无限的，但队列过长可能发生阻塞问题。第 50 位的百分数排队足够持续一个交通周期，这就避免了由于存储空间不足使通行能力问题复杂化。脚注"#"表明流量超过排队公式的限制。实际上，显示的排队大于或等于任何实际排队长。脚注"m"表明对第 95 位排队是由上游信号限流的。

29）停车

停车数由停车计算主题中的方法计算，一般是每小时的停车数。

30）燃料消耗

燃料消耗用"燃料和排放物"中简述的方法计算。燃料消耗是由延误、停车、速度、旅行距离和旅行时间共同决定的。

31）绿信比和相位图

绿信比和相位图显示在配时窗口的底部。它用图形表示当前的绿信比和相位，可用来调整绿信比。用鼠标调整绿信比，将鼠标移到当前绿信比和相位图上黄灯＋全红带的右端，光标将变成←|→状。按下鼠标左键，左右移动鼠标调整绿信比。当释放左键时，其他受影响的色带将自动调整它们的绿信比，任何改变了的信息将用其上的数字表示出来。

**Ctrl** 键可以用来交换相位的顺序。当按下 **Ctrl** 键，鼠标光标移动到可交换的相位时，光标改变用以指明该相位可以交换，单击鼠标改变相位顺序。锁定的相位不能更改，相位可以人工交换，即使其提前/延迟优化标记为[**No**]。

在"绿信比和相位图"中，每个交叉口都有一种颜色与之对应。在图上用鼠标右键单击可以改变其颜色，单击一个方向图标将跳转到该交叉口的配时安排。

32）组控制（多交叉口控制）

Synchro 允许用一个控制器模拟多个交叉口（组控制），这就允许分析如高速路菱形立体交叉或间隔较近的交叉口等复杂的交通情况。

如图 3-11 所示，在绿信比和相位图中，每一个交叉口都有一种与之相对应的颜色。同时，上面加#号的数字指明了节点号。如图 3-11 中，交叉口 1 和交叉口 2 为被模拟的交叉口。

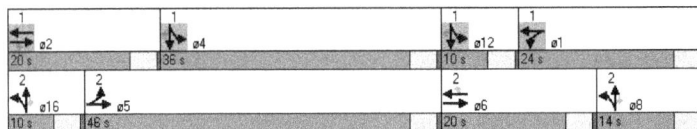

图 3-11　交叉口绿信比和相位图

在绿信比和相位图中单击运动图将跳到被选择的交叉口。例如，如果交叉口 1 的配时窗口是活动的，将光标移到交叉口 2 的任意一个运动图上，光标将变成手形。单击将使[**信号配时窗口**]中的信息变为交叉口 2 的。

33）行人和保持相位

最右边的列允许键入行人专用相位。如果有一个相位专门用于行人，就将这一列的相位号设置成有效相位，该相位中只允许行人通过；将相位号设为空白就清除了行人相位。

34）警告指示

在[**Synchro**]窗口中右下角的格子如果是红色的，就表明有潜在的交叉口编码错误或配时问题；绿色表示无错误。

"Conflict"表明一个相位或同时的相位发生了冲突运动，详情见保护相位行红色的相位数字，这里允许相位无冲突性检查。

V/C > 1表明流量超过了通行能力，也可能是指流量没有编入车道或绿灯时间。详情见V/C行大于1的值。对于阻塞交叉口，V/C错误可能是无法避免的。

"Min Err"表明一个或以上的绿信比违反了最小配时的要求，详情见总绿信比行中以红色显示的值，同时比较相位窗口最大绿信比和最小绿信比。此外，最小值错误也可能发生在行人配时过短时。

# 3.8 相位窗口

点开[**相位**]窗口，在[**图例**]窗口中，右键单击要选择的交叉口，选择相位；或在程序任何位置，按 **F8** 键，从列表中选择交叉口，然后按[**相位**]窗口或 **F6** 键弹出[**相位**]窗口。

[**相位**]窗口中主要显示相位设置信息，如图3-12所示。

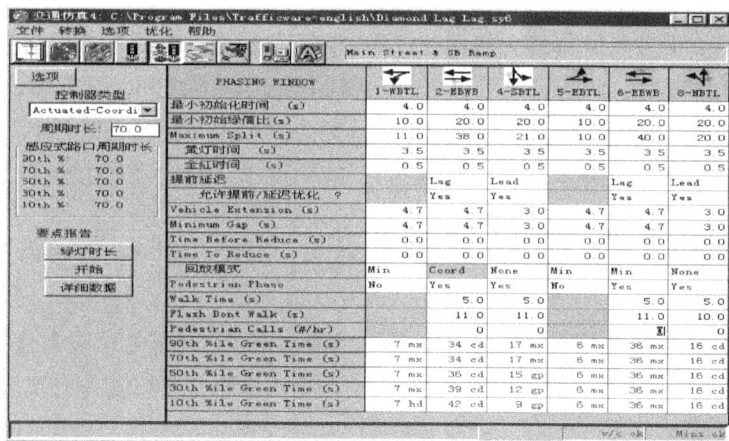

图3-12 相位窗口

1）环与阶段设计器

环与阶段设计器允许64个区域中的每一个最高达到32个相位，这就使模拟复杂的相位策略成为可能。

选择并激活[**相位窗口**]左上方的[**选项**]按钮，选择[**环与阶段设计器**]或使用菜单命令[**选项**]—[**环与阶段设计器**]。[**环与阶段设计器**]界面如图3-13所示。

2）交叉口群编辑器

选择并激活相位窗口左上方的[**选项**]按钮并选择[**交叉口群编辑器**]或使用菜单命令[**选**

项]—[交叉口群编辑器]。

[交叉口群编辑器]允许多个交叉口共享同一个控制器(组合控制)。这使得交叉口编辑器能与环与阶段设计器项关联,如图3-14所示。

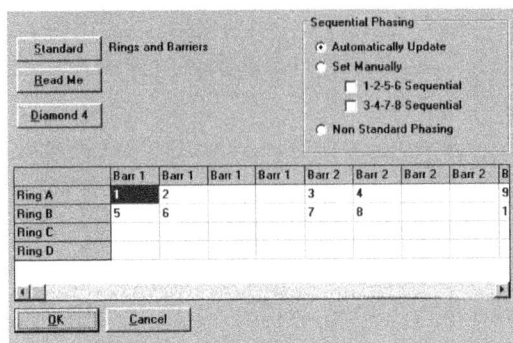

图3-13　环与阶段设计器界面　　　　　图3-14　交叉口群编辑器窗口

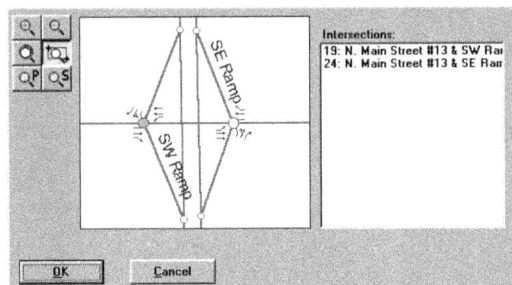

在地图上单击就可以在交叉口群中添加或删除交叉口。

交叉口群编辑器主要可能应用于:钻石形立交,两个及其以上的邻接交叉口,模拟两个节点具有宽隔离带的干道,分配组合控制。

3)控制器类型

此区域是用于交叉口的控制器的类型,它和[配时]窗口中的控制器类型是一样的。控制器类型区域用来指示正在使用的控制器类型。其中的选项包括定时、半感应、全感应、感应固定周期和非信控。以下是每种控制类型的简单介绍:

(1)定时:该信号无感应。所有相位都设置为最大调用。

(2)半感应:主街道相位有最大调用,并一直显示直到最大绿灯时间。支路相位可以被感应并能提前跳过和转换。半感应信号有可变的周期长度,信号之间是相互协调的。

(3)全感应:所有相位都没有最大调用,它们都能被感应并能提前跳过和转换。

(4)协调感应:通过协调作用,控制器在固定的周期下工作。支路相位被感应并能被跳过和转换。未通行时间加给主街道相位。

(5)非信控:使用该设置则交叉口根本没有信号。无信号交叉口使用停车标志和让路标志来控制交通。

注意:感应协调和半感应非协调是不同的。在协调作用下,子相位没有使用的时间给主街道使用。在半感应作用下,子相位没有使用的时间则只导致周期长度的缩短。

4)当前周期长度

当前周期长度,它与[配时窗口]中显示的当前周期长度是相同的。当前周期长度是所有最大绿信比的总和,Synchro所允许的最小值是3s。

5)感应周期

感应周期共包含了五种方案,分别被称为第90个百分点、第70个百分点、第50个百分点、第30个百分点和第10个百分点。每条通路的交通量可以调大或减小来模拟这些不同概率方案。通过调节不同方案下的交通量,就可以在一定范围内的交通条件下模拟感应信号。

如果观测得到了100个周期的交通量,第90个百分点将是交通繁忙程度排在第90位的,第 10 个百分点将是交通繁忙程度排在第 10 位的,而第 50 个百分点则代表平均交通繁忙程度。

**注意**:对于协调信号和定时信号,感应周期与当前周期长度是相同的。

6)快速报告

快速报告按钮会激活一个以条状图显示的感应配时的报告。包括如下三个报告:

绿灯时间:该报告显示每一个不同概率方案中每个相位的绿灯时间。

开始:该报告显示每一个相位的绿灯时间和开始时间。

细节:该报告显示每个相位的包括清除队列的时间、转换的时间和绿灯时间在内的组成部分。

7)最小初始时间

最小初始时间为一个相位的最小初始绿灯时间,是该相位能显示绿灯的最短时间。它的典型值是 4s。Synchro 允许的最小值是 1s。

**注意**:不要把该区域与[**配时**]窗口中的"最小绿信比"设置相混淆。最小初始时间用于确定感应行为,而最小绿信比用于使绿信比最优化。

8)最小绿信比

最小绿信比是该相位所允许的时间的最小计量,必须至少足够包含最小初始时间间隔加上黄灯时间和全红时间,通常是 8s 或更长。

如果最小绿信比显示为红色,就说明有错误。最小绿信比必须大于或等于最小初始时间加上出清时间(Y + AR)。如果该相位有行人相位,则最小绿信比应大于或等于行人时间、行人禁止通行时间、黄灯时间和全红时间的总和。HCM(1997)建议使用公式($t = 7 + d/4$),其中 $t$ 是最小绿信比,$d$ 是交叉口的宽度(单位为 ft)。

使用菜单命令[**选项**]→[**网络设置**]为新建的交叉口设置默认值或改变所有的最小绿信比。

9)最大绿信比

最大绿信比是以秒数形式给出的当前绿信比时间。它是分配给每一个相位的绿灯时间、红灯时间和全红时间的总和,以秒数形式表示。通过选择菜单命令[**最优化**]→[**交叉口绿信比**]可以自动计算交叉口的绿信比。

如果周期长度改变、相位改变,或交叉口布局改变,Synchro 会自动再分配绿信比,因此建议不要用这种方式来调整绿信比,最好在 Synchro 查找到绿信比后通过使用[**最优化**]→[**交叉口绿信比**]菜单命令,在大范围的周期长度来设置最小绿信比。

10)黄灯时间

黄灯时间是对应信号灯处于黄灯间隔的时间值。通常该数值应根据接近速度、交叉口街道宽度和当地标准设置为 3~5s。Synchro 的最小允许值是 2s。

使用菜单命令[**选项**]→[**网络设置**]来设定默认的或新建的交叉口或改变所有的黄灯时间。

11)全红时间

全红时间是黄灯间隔后的所有信号灯均处于红灯间隔的时间值。全红时间应有足够的持续时间以允许在交叉口交通量释放前清空交叉口。

使用菜单命令[**选项**]→[**网络设置**]来设定默认的或新建的交叉口或改变所有的全红

时间。

12）车辆延长时间（Vehicle Extension）

车辆延长时间即最大间隔时间。当一车辆经过探测器时，探测器会延长绿灯时间，延长的值就是车辆延长时间。

13）调用模式

每个相位调用模式有以下几种：无调用、最小调用、最大调用、行人调用和协调调用。

（1）无调用：相位可以被跳过。

（2）最小调用：相位将一直保持其最小值，该相位不能被跳过。

（3）最大调用：相位将一直显示其最大值并且没有检测，不能跳过或转换，也不能被延长。

（4）行人调用：相位将一直显示一个行人相位，直到行人时间间隔和行人禁止通行时间间隔过后才能被跳过或转换。

（5）协调调用：仅用于协调信号。该相位显示其最大时间加上其前面相位未通行时间。

14）行人相位

如果有行人相位，就将该区域设置为"是"。如将行人相位设置为"否"会使行人相位和行人时间、禁止行人通行时间和行人调用失效。

15）行人时间

行人相位仅在相位有行人调用或相位有行人调用时才出现。而行人时间是行人相位的时间值。

16）信号闪烁禁止行人通行时间

信号闪烁禁止行人通行时间是行人相位信号闪烁禁止行人通行的时间值。

17）行人调用

行人调用是该相位由行人按钮激活的行人数。该数值仅在该相位有行人按钮的情况下存在。

# 3.9　时距图表

同步法的时距图表沿横坐标显示时间，沿纵坐标显示距离，如图 3-15 所示。下面的信息简介了时距图表的各个部分。

B 道路名称和相位差：这里显示的交叉中街道的名称。最顶部的名字是时距图表正在显示的街道名称，最底部的名字是交叉街道的名称。在街道名称下边是交叉相位差。即使当相位差不是图表中的一个通路，它也被引注在参考相位中。

C 方向插图：这些插图指示街道方向。顶端插图显示交通方向在图标中沿下行运行，通常为向南或向西。底端插图显示交通方向在图表中沿上行运行，通常为向北或向东。这些方向也与显示在延迟选项和有色计时带中 F 的平均延迟方向匹配。

D 街道和交叉图：在时距图上，垂直线代表街道，水平线代表交叉口。两个以上的街道会显示在交叉视图中。单击垂直线会显示进入这个连接的干道视图，单击水平线会显示这个交叉的交叉视图。

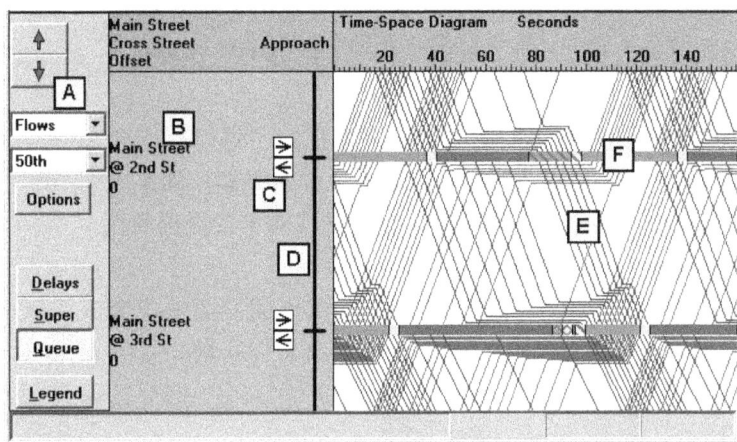

图 3-15 时距图表窗口

Ⓔ 交通流线或交通密度图:对角线和水平线显示交通流(查阅交通流图可得到详细信息)。

Ⓕ 计时带:红绿黄色带指示周期各个部分信号的相位。不同的颜色和影线代表含义如下:

□绿色:代表一个上行和下行方向的通过交通的绿灯相位。

□红色:代表一个双方向通过和左转的红灯相位。

□深青色:代表一个无信号交叉或转弯。

□\\下行影线:代表一个下行通过和左转交通的绿灯相位。如果需要,则保护左转(左转优先)。

□\\上行影线:代表一个上行通过和左转交通的绿灯相位。如果需要,则保护左转(左转优先)。

□XXXX 交叉影线:代表双向左传的绿灯相位。

□全黄或黄色影线:代表活动中一个或多个相位的黄色相位。

驱动信号的绿色带会开始或结束得很早。显示的次数是驱动次数,代表过早转换的相位。选择[Max]可以显示最大绿灯时间。

计时带顶部的比例显示了时间比例,这个比例可以通过选项[□时距图]命令改变。查阅Ⓒ中的图标可以确定周期带表示的是哪一方向。

1)时距图选项

(1)滚动

垂直滚动或移动时距图时,可以用箭头按钮或键盘单击,然后在图中拖动(离开计时带)。

(2)选择带宽

带宽是周期中允许车辆不停止通过所有交叉路口的那一部分。

同步法既表示干道带,也表示连接带。干道带是绿色条带,它能使车辆不停止地通过整个通路;连接带是使车辆在两个交叉口之间不停止地通过的绿色条带。

(3)车流选择

时距图也显示了车辆速度和位置。每一条线代表一辆或多辆车,线的斜率与车速成正比。

水平线代表停止的车辆,通常一条线代表一辆车。在高容量车道组中,一条线能代表两辆或更多辆车。

(4)百分点选择

同步法交通流模型,用五种不同的交通流方案加速了绿灯时间和车流。这些方案代表一段给定容量的时间内的第 90、70、50、30、10 个百分点的周期。如果观察 100 个周期,第 90 个最繁忙的周期是第 90 个百分点。第 50 个百分点则代表平均交通状况。

(5)第 90、70、50、30、10 个百分点的视图

用绿色带表示驱动绿灯时间和驱动开始时间,这里的交通流代表从百分点方案产生的交通流。第 90 个百分点方案交通拥挤,第 10 个百分点交通松懈。百分点方案下的带宽是基于驱动绿灯时间的。

(6)延迟显示

按延迟显示按钮[ **Delay** ],可以显示每一运动和全部交叉的平均延迟,延迟显示向用户反馈计时方案工作的优点。关掉延迟显示(按住[ **Delay** ]键1s)则给表格留出更大的可用空间,并能够加速图表生成。

延迟值可以是 Webster 的,也可以是基于当前网络设置的百分点的。延迟值通常用黑色表示。如果由于拥挤而出现堵塞问题(或第 95 个百分点队列超过了可能的容量或连接距离,也显示堵塞问题),延迟值用红色表示,并且用一行字符来描述堵塞类型。可能的描述字符如:

L——左转交通堵塞;

T——通过交通堵塞;

R——右转交通堵塞;

U——上游交叉口堵塞。

如果需要队列长度的更多信息,可通过查看队列长度计算得到。

(7)超饱和显示

激活此选项后,超负荷运转的车道组将在绿灯开始时通过其所容纳的队列来显示,即可通过打开此选项为超饱和态工作创建计时方案。关掉此选项后,时距图将假定所有队列在绿灯结束时被清除,即关闭此项可以得到非饱和态工作的计时方案。

此选项仅影响 $V/C$ 比大于 1.0 并且有合适周期长度的车道组。

2)时距图操作

(1)切换视图

①切换到另一个不同的交叉视图,可以通过以下任一方式实现:

a. 在水平线上,单击街道和交叉图。

b. 到[ **地图** ]窗口(按 F2),在不同的交叉口单击,然后返回[ **时距图** ]窗口(按 **F7**)。

c. 按 F8 得到交叉列表并选择一个交叉。

②要切换到一个不同的基本干线视图,你可以通过以下任何一项操作来实现:

a. 在街道和交叉图表上单击一条垂直线(不要单击附近的任何水平线)。

b. 到[ **地图** ]窗口(按 F2 键),单击一个不同的连接,然后返回[ **时距图** ]窗口(按 **F7**)键。

基本的干线视图显示了整个街道通路,而忽略其名字或区域。在基本干线模式下,嵌在工具条上面的交叉的名字是空格。

（2）绿信比和相位差调整

要改变任何一个相位的相位差，单击并拖动计时条远离相位的边界。在相位差调整之前和调整过程中，指针将变为手形。

（3）相位变换

按 **CTRL** 键可以变换相位命令。按下 **CTRL** 键并移动鼠标箭头到一个可变换的相位，鼠标箭头变为指示相位能被变换，单击鼠标可以改变相位次序。

## 3.10　路网设置窗口

[**路网设置**]窗口允许在其中更改影响全路网的设置。这些设置将影响在[**车道**]窗口、[**流量**]窗口、[**信号配时**]窗口和[**相位**]窗口中入口的缺省值，也会影响延误的计算，如图 3-16 所示。

选择菜单命令[**选项**]→[**路网设置**]即可弹出[**路网设置**]窗口。

在路网设置窗口中可设置以下选项：

车道设置（Lane Settings）：包含车道宽度、流率、车辆长度、路口总损失时间、探测器布局模拟、转弯速度、红灯时允许右转等设置。

流量设置（Volume Settings）：包含高峰小时因子、增长因子、重载车比例、行人冲突、车流速度等设置。

配时设置（Timing Settings）：包含默认信号周期、最大信号周期、允许提前/延误优化、黄灯时长、全红时间、参考相位、相位差形式、左转和直行的最小绿信比等设置。

相位设置（Phase Settings）：包含延误时分、车辆延误时间、最小间距、减少前的时间、减少的时间、步行相位（通过相位）、步行时间、瞬间步行时间、行人占用、最小起步时距等设置。

图 3-16　路网设置窗口

延误设置（Delay Settings）：包含 Webster 延误和百分数延误。

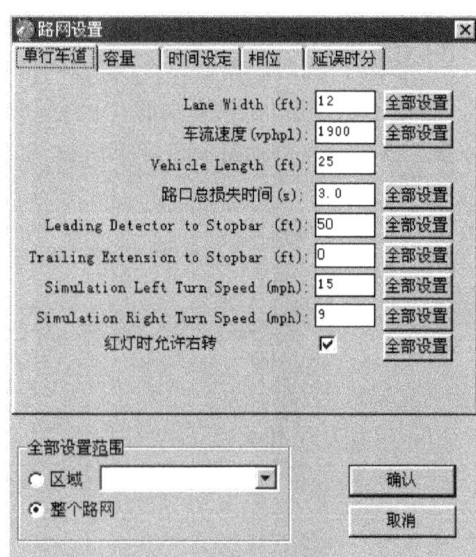

## 3.11　Synchro 界面设置和基本操作认识实验

### 3.11.1　实验目的

通过本实验，使学生熟悉 Synchro 界面设置，了解软件基本功能和参数含义，掌握 Synchro 软件基本操作和工作流程，为后续实验做基础准备，提供实验平台。

### 3.11.2 实验原理

Synchro 主要操作界面和主要操作方法。

### 3.11.3 实验设施设备

计算机、交通仿真软件 Synchro 一套、实验记录纸、实验报告纸。

### 3.11.4 实验内容

熟悉 Synchro 主要操作界面:图例窗口、车道窗口、流量窗口、信号配时窗口、相位窗口、时距图表、路网设置窗口,明确各主要参数的含义,掌握 Synchro 的主要操作方法。

### 3.11.5 实验步骤

[开始]→[所有程序] →[**Trafficware**] →[**Synchro**]进入 Synchro 的图例窗口(或者直接双击桌面上的 Synchro6 直接进入 Synchro 的图例窗口)。

1)步骤1:激活图例窗口,了解图例窗口各个按钮

要激活图例窗口,只要在程序的任何地方按下[**图例**]窗口按钮或 **F2** 键。默认状态下,Synchro 将在程序启动时显示图例窗口,如图 3-17 所示。

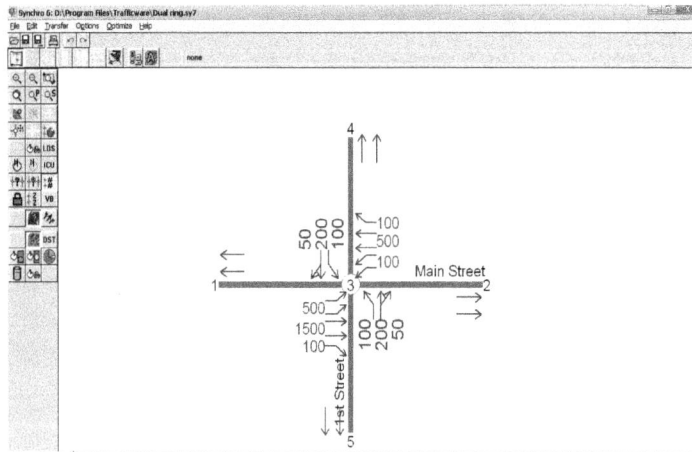

图 3-17 Synchro 图例窗口

2)步骤2:选择车道窗口,了解车道窗口各项参数

在程序的任何地方都可以按 **F8** 键来从列表中选择期望的路口,然后单击[**车道**]窗口按钮或按 **F3** 键。车道窗口用来输入车道相关信息(主要记录车道信息,其他信息设置使用系统默认),如图 3-18 所示。

3)步骤3:选择流量窗口,了解流量窗口各项参数

在图例窗口中,右击交叉口并选择[**流量**]窗口,或者按 **F4** 键后单击[**流量**]窗口按钮。在流量窗口显示的表格中可以输入车道和几何信息(主要记录车流量、高峰因子系数及重车流比例,其他信息设置使用系统默认),如图 3-19 所示。

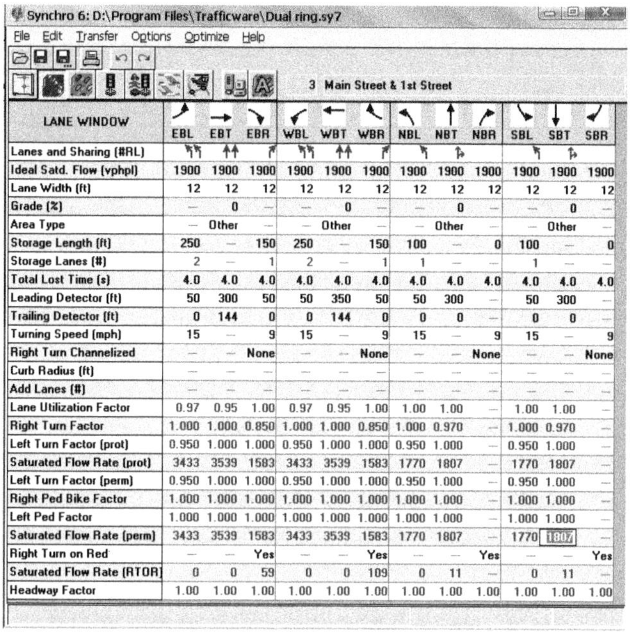


| LANE WINDOW | EBL | EBT | EBR | WBL | WBT | WBR | NBL | NBT | NBR | SBL | SBT | SBR |
|---|---|---|---|---|---|---|---|---|---|---|---|---|
| Lanes and Sharing (#RL) | | | | | | | | | | | | |
| Ideal Satd. Flow (vphpl) | 1900 | 1900 | 1900 | 1900 | 1900 | 1900 | 1900 | 1900 | 1900 | 1900 | 1900 | 1900 |
| Lane Width (ft) | 12 | 12 | 12 | 12 | 12 | 12 | 12 | 12 | 12 | 12 | 12 | 12 |
| Grade (%) | — | 0 | — | — | 0 | — | — | 0 | — | — | 0 | — |
| Area Type | — | Other | — | — | Other | — | — | Other | — | — | Other | — |
| Storage Length (ft) | 250 | — | 150 | 250 | — | 150 | 100 | — | 0 | 100 | — | 0 |
| Storage Lanes (#) | 2 | — | 1 | 2 | — | 1 | 1 | — | — | 1 | — | — |
| Total Lost Time (s) | 4.0 | 4.0 | 4.0 | 4.0 | 4.0 | 4.0 | 4.0 | 4.0 | 4.0 | 4.0 | 4.0 | 4.0 |
| Leading Detector (ft) | 50 | 300 | 50 | 50 | 350 | 50 | 50 | 300 | — | 50 | 300 | — |
| Trailing Detector (ft) | 0 | 144 | 0 | 0 | 144 | 0 | 0 | 0 | — | 0 | 0 | — |
| Turning Speed (mph) | 15 | — | 9 | 15 | — | 9 | 15 | — | 9 | 15 | — | 9 |
| Right Turn Channelized | — | — | None | — | — | None | — | — | None | — | — | None |
| Curb Radius (ft) | — | — | — | — | — | — | — | — | — | — | — | — |
| Add Lanes (#) | — | — | — | — | — | — | — | — | — | — | — | — |
| Lane Utilization Factor | 0.97 | 0.95 | 1.00 | 0.97 | 0.95 | 1.00 | 1.00 | 1.00 | — | 1.00 | 1.00 | — |
| Right Turn Factor | 1.000 | 1.000 | 0.850 | 1.000 | 1.000 | 0.850 | 1.000 | 0.970 | — | 1.000 | 0.970 | — |
| Left Turn Factor (prot) | 0.950 | 1.000 | 1.000 | 0.950 | 1.000 | 1.000 | 0.950 | 1.000 | — | 0.950 | 1.000 | — |
| Saturated Flow Rate (prot) | 3433 | 3539 | 1583 | 3433 | 3539 | 1583 | 1770 | 1807 | — | 1770 | 1807 | — |
| Left Turn Factor (perm) | 0.950 | 1.000 | 1.000 | 0.950 | 1.000 | 1.000 | 0.950 | 1.000 | — | 0.950 | 1.000 | — |
| Right Ped Bike Factor | 1.000 | 1.000 | 1.000 | 1.000 | 1.000 | 1.000 | 1.000 | 1.000 | — | 1.000 | 1.000 | — |
| Left Ped Factor | 1.000 | 1.000 | 1.000 | 1.000 | 1.000 | 1.000 | 1.000 | 1.000 | — | 1.000 | 1.000 | — |
| Saturated Flow Rate (perm) | 3433 | 3539 | 1583 | 3433 | 3539 | 1583 | 1770 | 1807 | — | 1770 | 1807 | — |
| Right Turn on Red | — | — | Yes | — | — | Yes | — | — | Yes | — | — | Yes |
| Saturated Flow Rate (RTOR) | 0 | 0 | 59 | 0 | 0 | 109 | 0 | 11 | — | 0 | 11 | — |
| Headway Factor | 1.00 | 1.00 | 1.00 | 1.00 | 1.00 | 1.00 | 1.00 | 1.00 | 1.00 | 1.00 | 1.00 | 1.00 |

图 3-18　车道窗口

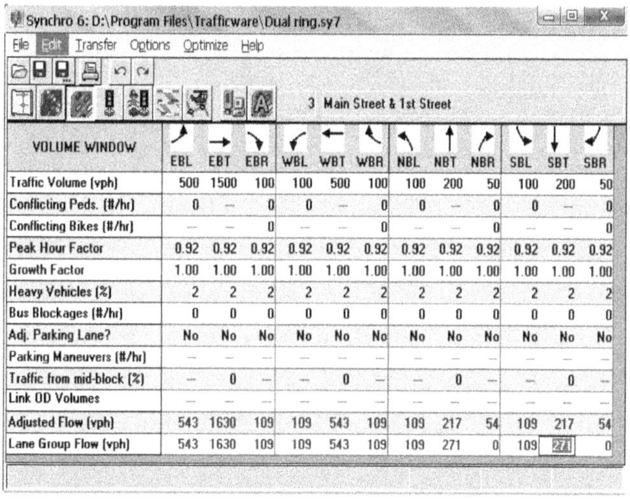


| VOLUME WINDOW | EBL | EBT | EBR | WBL | WBT | WBR | NBL | NBT | NBR | SBL | SBT | SBR |
|---|---|---|---|---|---|---|---|---|---|---|---|---|
| Traffic Volume (vph) | 500 | 1500 | 100 | 100 | 500 | 100 | 100 | 200 | 50 | 100 | 200 | 50 |
| Conflicting Peds. (#/hr) | 0 | — | 0 | 0 | — | 0 | 0 | — | 0 | 0 | — | 0 |
| Conflicting Bikes (#/hr) | — | — | 0 | — | — | 0 | — | — | 0 | — | — | 0 |
| Peak Hour Factor | 0.92 | 0.92 | 0.92 | 0.92 | 0.92 | 0.92 | 0.92 | 0.92 | 0.92 | 0.92 | 0.92 | 0.92 |
| Growth Factor | 1.00 | 1.00 | 1.00 | 1.00 | 1.00 | 1.00 | 1.00 | 1.00 | 1.00 | 1.00 | 1.00 | 1.00 |
| Heavy Vehicles (%) | 2 | 2 | 2 | 2 | 2 | 2 | 2 | 2 | 2 | 2 | 2 | 2 |
| Bus Blockages (#/hr) | 0 | 0 | 0 | 0 | 0 | 0 | 0 | 0 | 0 | 0 | 0 | 0 |
| Adj. Parking Lane? | No | No | No | No | No | No | No | No | No | No | No | No |
| Parking Maneuvers (#/hr) | — | — | — | — | — | — | — | — | — | — | — | — |
| Traffic from mid-block (%) | — | 0 | — | — | 0 | — | — | 0 | — | — | 0 | — |
| Link OD Volumes | — | — | — | — | — | — | — | — | — | — | — | — |
| Adjusted Flow (vph) | 543 | 1630 | 109 | 109 | 543 | 109 | 109 | 217 | 54 | 109 | 217 | 54 |
| Lane Group Flow (vph) | 543 | 1630 | 109 | 109 | 543 | 109 | 109 | 271 | 0 | 109 | 271 | 0 |

图 3-19　流量窗口

4）步骤 4：选择信号配时窗口，了解信号配时窗口各项参数

在图例窗口中，右击要选择的交叉口并选择［**信号配时**］窗口；或在程序中任意处，按 **F8** 键从列表中选择需要的交叉口，然后按［**信号配时窗口**］按钮或按 **F5** 键。［**信号配时**］窗口显示有关信号配时和相位的信息（主要记录信号相位、绿信比、延误、周期、控制类型，其他信息设置使用系统默认），如图 3-20 所示。

5）步骤 5：选择［**相位**］窗口，了解相位各项信息

在［**图例**］窗口中，右键单击要选择的交叉口，选择［**相位**］；或在程序任何位置按 **F8** 键，从列表中选择交叉口，然后按［**相位**］窗口或 **F6** 键。相位窗口中显示相位设置信息（主要记录相

位的绿信比,其他信息设置使用系统默认),如图 3-21 所示。

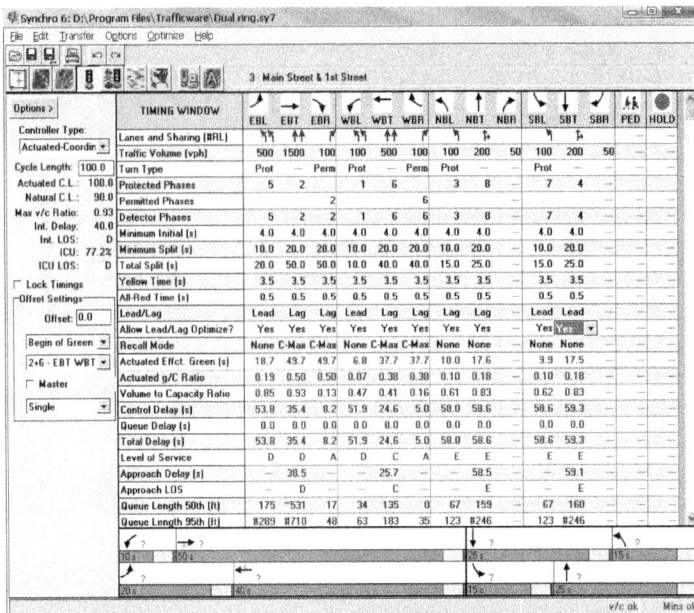

**图 3-20 配时窗口**

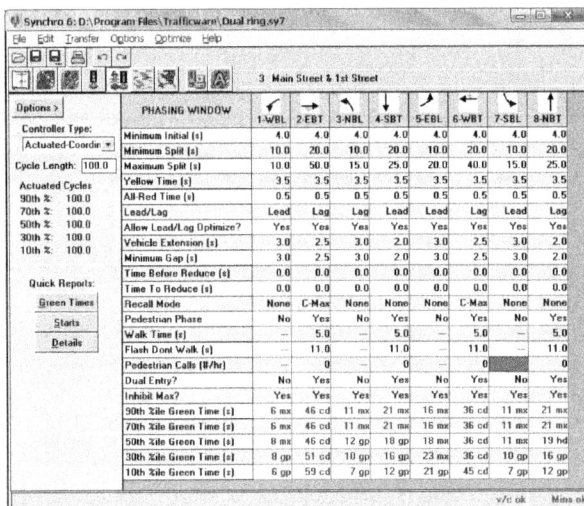

Controller Type: Actuated-Coordin
Cycle Length: 100.0
Actuated C.L.: 100.0
Natural C.L.: 90.0
Max v/c Ratio: 0.93
Int. Delay: 40.0
Int. LOS: D
ICU: 77.2%
ICU LOS: D
Lock Timings
Offset Settings:
Offset: 0.0
Begin of Green
2+6 - EBT WBT
Master
Single

3 Main Street & 1st Street

| TIMING WINDOW | EBL | EBT | EBR | WBL | WBT | WBR | NBL | NBT | NBR | SBL | SBT | SBR | PED | HOLD |
|---|---|---|---|---|---|---|---|---|---|---|---|---|---|---|
| Lanes and Sharing (#RL) | | | | | | | | | | | | | | |
| Traffic Volume (vph) | 500 | 1500 | 100 | 100 | 500 | 100 | 100 | 200 | 50 | 100 | 200 | 50 | | |
| Turn Type | Prot | | Perm | Prot | | Perm | Prot | | | Prot | | | | |
| Protected Phases | 5 | 2 | | 1 | 6 | | 3 | 8 | | 7 | 4 | | | |
| Permitted Phases | | | 2 | | | 6 | | | | | | | | |
| Detector Phases | 5 | 2 | 2 | 1 | 6 | 6 | 3 | 8 | | 7 | 4 | | | |
| Minimum Initial (s) | 4.0 | 4.0 | 4.0 | 4.0 | 4.0 | 4.0 | 4.0 | 4.0 | | 4.0 | 4.0 | | | |
| Minimum Split (s) | 10.0 | 20.0 | 20.0 | 10.0 | 20.0 | 20.0 | 10.0 | 20.0 | | 10.0 | 20.0 | | | |
| Total Split (s) | 20.0 | 50.0 | 50.0 | 10.0 | 40.0 | 40.0 | 15.0 | 25.0 | | 15.0 | 25.0 | | | |
| Yellow Time (s) | 3.5 | 3.5 | 3.5 | 3.5 | 3.5 | 3.5 | 3.5 | 3.5 | | 3.5 | 3.5 | | | |
| All-Red Time (s) | 0.5 | 0.5 | 0.5 | 0.5 | 0.5 | 0.5 | 0.5 | 0.5 | | 0.5 | 0.5 | | | |
| Lead/Lag | Lead | Lag | Lag | Lead | Lag | Lag | Lead | Lead | | Lead | Lead | | | |
| Allow Lead/Lag Optimize | Yes | Yes | Yes | Yes | Yes | Yes | Yes | Yes | | Yes | Yes | | | |
| Recall Mode | None | C-Max | C-Max | None | C-Max | C-Max | None | None | | None | None | | | |
| Actuated Effct. Green (s) | 18.7 | 49.7 | 17.5 | 6.8 | 37.7 | 37.7 | 10.0 | 17.6 | | 9.9 | 17.5 | | | |
| Actuated g/C Ratio | 0.19 | 0.50 | 0.50 | 0.07 | 0.38 | 0.38 | 0.10 | 0.18 | | 0.10 | 0.18 | | | |
| Volume to Capacity Ratio | 0.85 | 0.93 | 0.13 | 0.47 | 0.41 | 0.16 | 0.83 | 0.62 | | 0.83 | | | | |
| Control Delay (s) | 53.8 | 35.4 | 8.2 | 51.9 | 24.6 | 5.0 | 58.0 | 58.6 | | 58.6 | 59.3 | | | |
| Queue Delay (s) | 0.0 | 0.0 | 0.0 | 0.0 | 0.0 | 0.0 | 0.0 | 0.0 | | 0.0 | 0.0 | | | |
| Total Delay (s) | 53.8 | 35.4 | 8.2 | 51.9 | 24.6 | 5.0 | 58.0 | 58.6 | | 58.6 | 59.3 | | | |
| Level of Service | D | D | A | D | C | A | E | E | | E | E | | | |
| Approach Delay (s) | | 38.5 | | | 25.7 | | | 58.5 | | | 59.1 | | | |
| Approach LOS | | D | | | C | | | E | | | E | | | |
| Queue Length 50th (ft) | 175 | ~531 | 17 | 135 | 135 | 0 | 67 | 159 | | 67 | 160 | | | |
| Queue Length 95th (ft) | #289 | #710 | 48 | 63 | 183 | 35 | 123 | #246 | | 123 | #246 | | | |

v/c ok   Mins ok

**图 3-21 相位窗口**

Controller Type: Actuated-Coordin
Cycle Length: 100.0
Actuated Cycles
90th %: 100.0
70th %: 100.0
50th %: 100.0
30th %: 100.0
10th %: 100.0
Quick Reports:
Green Times
Starts
Details

3 Main Street & 1st Street

| PHASING WINDOW | 1-WBL | 2-EBT | 3-NBL | 4-SBT | 5-EBL | 6-WBT | 7-SBL | 8-NBT |
|---|---|---|---|---|---|---|---|---|
| Minimum Initial (s) | 4.0 | 4.0 | 4.0 | 4.0 | 4.0 | 4.0 | 4.0 | 4.0 |
| Minimum Split (s) | 10.0 | 20.0 | 10.0 | 20.0 | 10.0 | 20.0 | 10.0 | 20.0 |
| Maximum Split (s) | 10.0 | 50.0 | 15.0 | 25.0 | 20.0 | 40.0 | 15.0 | 25.0 |
| Yellow Time (s) | 3.5 | 3.5 | 3.5 | 3.5 | 3.5 | 3.5 | 3.5 | 3.5 |
| All-Red Time (s) | 0.5 | 0.5 | 0.5 | 0.5 | 0.5 | 0.5 | 0.5 | 0.5 |
| Lead/Lag | Lead | Lag | Lag | Lead | Lead | Lag | Lead | Lag |
| Allow Lead/Lag Optimize? | Yes | Yes | Yes | Yes | Yes | Yes | Yes | Yes |
| Vehicle Extension (s) | 3.0 | 2.5 | 3.0 | 2.0 | 3.0 | 2.5 | 3.0 | 2.0 |
| Minimum Gap (s) | 3.0 | 2.5 | 3.0 | 2.0 | 3.0 | 2.5 | 3.0 | 2.0 |
| Time Before Reduce (s) | 0.0 | 0.0 | 0.0 | 0.0 | 0.0 | 0.0 | 0.0 | 0.0 |
| Time To Reduce (s) | 0.0 | 0.0 | 0.0 | 0.0 | 0.0 | 0.0 | 0.0 | 0.0 |
| Recall Mode | None | C-Max | None | None | None | C-Max | None | None |
| Pedestrian Phase | No | Yes | No | Yes | No | Yes | No | Yes |
| Walk Time (s) | | 5.0 | | 5.0 | | 5.0 | | 5.0 |
| Flash Dont Walk (s) | | 11.0 | | 11.0 | | 11.0 | | 11.0 |
| Pedestrian Calls (#/hr) | | 0 | | 0 | | 0 | | 0 |
| Dual Entry? | No | Yes | No | Yes | No | Yes | No | Yes |
| Inhibit Max? | Yes | Yes | Yes | Yes | Yes | Yes | Yes | Yes |
| 90th %ile Green Time (s) | 6 mx | 46 cd | 11 mx | 21 mx | 16 mx | 36 cd | 11 mx | 21 mx |
| 70th %ile Green Time (s) | 6 mx | 46 cd | 11 mx | 21 mx | 16 mx | 36 cd | 11 mx | 21 mx |
| 50th %ile Green Time (s) | 8 mx | 46 cd | 12 gp | 18 gp | 18 mx | 36 cd | 11 mx | 19 hd |
| 30th %ile Green Time (s) | 8 gp | 51 cd | 10 gp | 16 gp | 23 mx | 36 cd | 10 gp | 16 gp |
| 10th %ile Green Time (s) | 6 gp | 59 cd | 7 gp | 12 gp | 12 gp | 45 cd | 7 gp | 12 gp |

v/c ok   Mins ok

6)步骤 6:了解时距图各项信息

使用时距图表,可以图形化地看到交叉口中交通的流动,如图 3-22 所示。要打开时距图表,先单击相应的交叉口或相应的路段衔接部,然后按[**时距图表**]按钮或 **F7** 键。

7)步骤 7:选择网络设置窗口,了解路网设置窗口各项窗口的缺省值

选择菜单命令[**选项**]→[**网络设置**]即可出现网络设置窗口。在不同区域之间切换:**Ctrl +Tab** 或 **Ctrl + Shift + Tab**。路网设置窗口允许在其中更改影响全路网的设置,如图 3-23 所示。这些设置将影响在车道窗口、流量窗口、信息配时窗口及相位窗口中入口的缺省值,也会影响延误的计算。

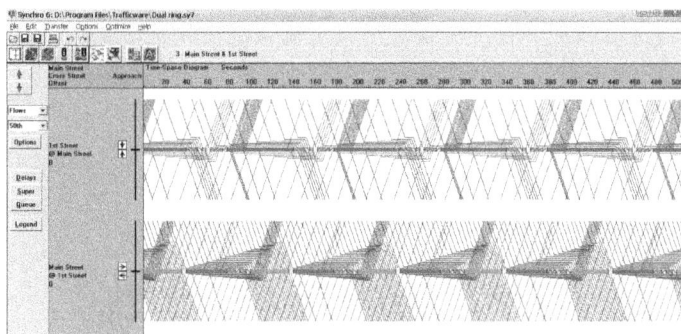

图 3-22  时局图表窗口

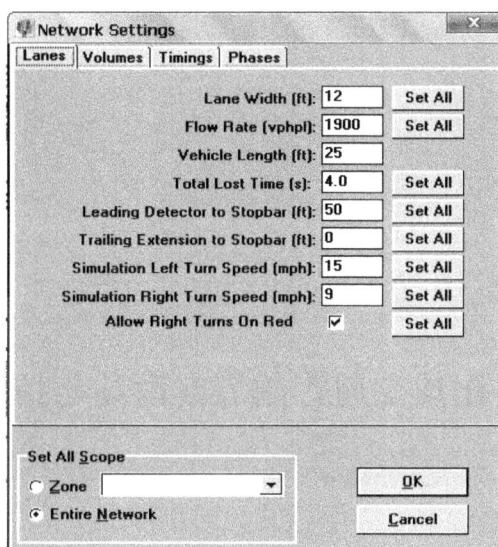

图 3-23  网络设置窗口

## 3.11.6  实验报告要求

（1）熟悉 Synchro 主要操作界面。

（2）熟悉并掌握 Synchro 主要操作方法。

（3）尝试做一个比较简单的具体实例。

# 第 4 章

# 单点交叉口交通仿真实验

## 4.1 交叉口渠化及交通管制方案设计与仿真实验

### 4.1.1 实验目的

使学生通过交通渠化和交通管制方案设计与仿真实验,了解交叉口渠化和交通管制对城市道路交叉口交通通行能力的影响。

### 4.1.2 实验内容

建立给定交叉口条件的仿真模型,设计五种不同的交叉口渠化及交通管制方案,观察不同的方案对交叉口各进口通行能力的影响。主要的影响参数包括:通行能力、排队长度、车辆平均消散时间、停车延误等。

选做内容:修改道路属性如车道数、车道宽度等,修改交叉口的交通管制方式,如单向交通、转弯禁行等进行然后观察交叉口各参数的变化。

### 4.1.3 实验设施设备

计算机、交通仿真软件 Synchro 一套、实验记录纸、实验报告纸。

### 4.1.4 实验原理

平面交叉口利用土木工程措施、各类标志、标线等交通管理基础设施及交通管理措施引导车辆、行人安全高效通过交叉口而采取的系统设计。

## 4.1.5 实验步骤

(1)建立一个如图4-1所示的十字交叉口(车流量街道名称取图中名称)。

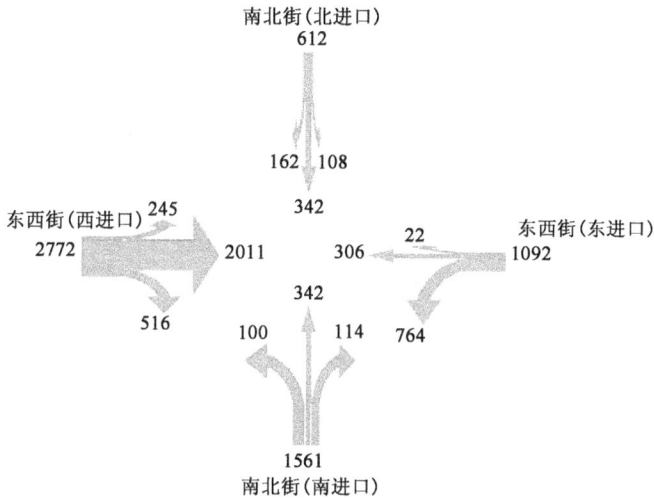

图4-1 十字交叉路口示例

示例:

交叉口道路属性:

①直行车道3m,左转、右转车道3.5m。

②各进口车道数。

南北街南进口:5车道。

东西街东进口:3车道。

南北街北进口:4车道。

东西街西进口:4车道。

③道路长度。

南北街南:300m。

东西街东:400m。

南北街北:300m。

东西街西:500m。

④道路限速。

40km/h。

(2)设计五种交叉口渠化和管制方案,在交通仿真软件里验证不同方案对交叉口各参数的影响,并在实验记录纸上手绘交叉口渠化方案、记录各种参数值。

(3)对五种交叉口渠化方案的结果进行分析,从中选择出一种最佳的交叉口渠化方案并记录保存。

## 4.1.6 实验报告要求

(1)绘制各种方案图。

(2)详细记录各种方案下的交叉口通行能力参数。

(3)总结出最优方案。

### 4.1.7 实验思考与问题

(1)交叉口的交通渠化应考虑哪些因素?
(2)分析单向交通的种类及优缺点。
(3)分析禁行管理的种类及优缺点。
(4)在单个交叉口采用特殊的交通管制后,如何满足车辆通行需求?

# 4.2 基本两相独立交叉口的交通信号配时实验

## 4.2.1 实验目的

通过该实验,学生能运用 Synchro 软件对独立交叉口进行基本两相位配时方案的优化设计,掌握单点信号控制交叉口信号配时方案的基本设计方法和过程,并进一步熟悉 Synchro 软件的各项功能和基本操作。

## 4.2.2 实验原理

根据交叉口的道路条件及交叉口各进口道到达交通的流向和流量来确定和调整定时信号的配时方案。

## 4.2.3 实验设施设备

计算机、交通仿真软件 Synchro 一套、实验记录纸、实验报告纸。

## 4.2.4 实验内容

建立交叉口,设置交叉口车道、流量等基本数据,为对象交叉口设计基本两相信号配时方案,并通过饱和度、延误和服务水平等参数来评价交叉口运行状况。

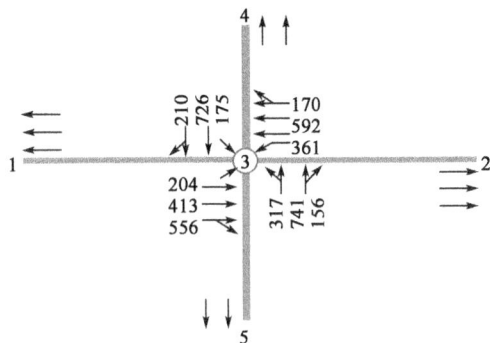

图 4-2 网络创建

## 4.2.5 实验步骤

(1)创建网络

开始一个新的网络,请打开 Synchro 选择命令 [**File**]→[**New**],从 [**Map**] 窗口创建如图 4-2 所示的网络。

(2)输入车道和流量

在 [**Map**] 窗口,点击交叉口,按下 [**Lane Window**] 按钮(或按下 **F3** 键)激活 Lane Window。按图 4-3 输入车道值。

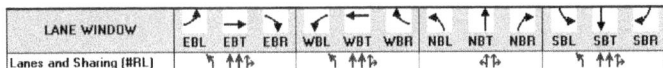

图 4-3　车道值输入

按下[**Volume Window**]按钮(或按下 **F4** 键)切换到[**Volume Window**]窗口,按图 4-4 输入流量值。

| VOLUME WINDOW | EBL | EBT | EBR | WBL | WBT | WBR | NBL | NBT | NBR | SBL | SBT | SBR |
|---|---|---|---|---|---|---|---|---|---|---|---|---|
| Traffic Volume (vph) | 204 | 413 | 556 | 361 | 592 | 170 | 317 | 741 | 156 | 175 | 726 | 210 |

图 4-4 流量值输入

其他 Volume Window 设置使用默认的系统设置。

(3)输入相位控制数据

由于这是一个基本交叉口,可以使用相位模块快速构建这个交叉口就地相位控制设定。在这个例子中,主街道是东西方向,因此按下[**Options**]按钮,然后选择 Set to East-West Template Phase 为东西干线设置相位。系统将自动设定如下所示的相位数,如图 4-5 所示。

| TIMING WINDOW | EBL | EBT | EBR | WBL | WBT | WBR | NBL | NBT | NBR | SBL | SBT | SBR |
|---|---|---|---|---|---|---|---|---|---|---|---|---|
| Lanes and Sharing (#RL) | ↑ | ↑↑↑ | | ↑ | ↑↑↑ | | | ↑↑↑ | | ↑ | ↑↑↑ | |
| Traffic Volume (vph) | 204 | 413 | 556 | 361 | 592 | 170 | 317 | 741 | 156 | 175 | 726 | 210 |
| Turn Type | Perm | — | — | Perm | — | — | Perm | — | — | Perm | — | — |
| Protected Phases | | 2 | — | | 6 | — | | 8 | — | | 4 | — |
| Permitted Phases | 2 | — | | 6 | | | 8 | | | 4 | | |
| Detector Phases | 2 | 2 | — | 6 | 6 | — | 8 | 8 | — | 4 | 4 | — |

图 4-5 相位控制数据输入

其他 Timing Window 设置使用默认的系统设置。

(4)优化路口信号周期

基本数据输入后,下一步就要设计该交叉口的最佳配时方案。由 Optimize Intersection Cycle Length 命令为交叉口设置一般周期长度。一般周期长度是交叉口独立运作地最低可接受长度。同时,系统将自动优化路口绿信比。执行下一步后,优化的周期长度会在 Timing Window 左侧 Current Cycle Length 中显示。如图 4-6 所示。

(5)记录结果

报告的有效评价指标是饱和度(V/C)、延误及服务水平 LOS。

饱和度 V/C 是交叉口某一进口道的流量与该进口道的通行能力之比,用来衡量各个进口道的拥挤程度。饱和度大于或等于 1 表示该车道拥挤或堵塞。

图 4-6 显示优化的周期长度

延误即总控制延误量度,以秒/车计量,在已给定的车道集合中使用。Synchro 提供两种延误方式:百分比信号延误和韦伯斯特信号延误。这两种延误方式计算的主要区别在于对路、绿灯时间的决定和过于饱和状态的使用。

服务水平是描述给定交叉口基于适当延误之上的运转效率的一种手段。服务质量的范围划分为六个区段(A~F),LOS A 表示在轻微延误的自由通畅条件,LOS F 表示过度延误的强行流动条件(阻塞条件),在 LOS F 下,队列可能阻塞上流交叉口。

打印这些结果,用命令 FILE Print-Window。

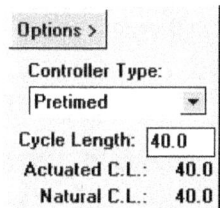

# 4.3 双循环、八相位独立交叉口的交通信号配时实验

## 4.3.1 实验目的

通过该实验,学生可以进一步掌握交通信号控制交叉口信号配时方案基本设计方法和过程,加深对交通仿真软件的功能认识,并明确在实际操作中可经过改变相位顺序、优化绿信比等方式灵活设计交叉口信号配时方案,以适应交叉口不同流向的流量特性,从而提高交叉口运行效率和服务水平。

## 4.3.2 实验原理

根据交叉口的道路条件及交叉口各进口道到达交通的流向和流量来确定和调整定时信号的配时方案。

## 4.3.3 实验设施设备

计算机、交通仿真软件 Synchro 一套、实验记录纸、实验报告纸。

## 4.3.4 实验内容

建立交叉口,设置交叉口车道、流量等基本数据,对交叉口信号控制方案进行双循环、八相位设计,优化交叉口信号周期和绿信比,记录饱和度、延误、排队长度、服务水平等指标以评价交叉口运行情况。

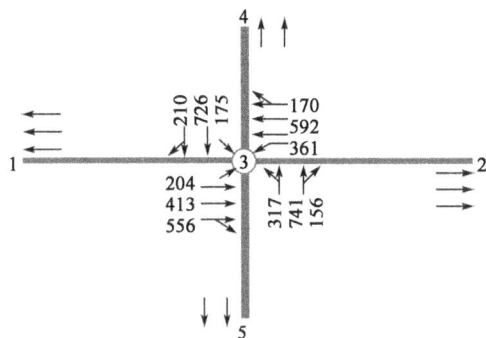

图 4-7　创建网络

## 4.3.5 实验步骤

(1)创建网络

创建一个新的网络,请打开 Synchro,选择命令[**File**]→[**New**],从[**Map**]窗口创建如图 4-7 所示的网络。

在 Link Setting 中,主次干道均设定 40mile/h,[**Link Setting**]窗口其余设置使用系统默认值。

(2)输入车道和流量值

在[**Map**]窗口,点击交叉口,按下[**Lane Window**]按钮(或按下 **F3** 键)激活 Lane Window。按图 4-8 输入车道值。

按下[**Volume Window**]按钮(或按下 **F4** 键)切换到[**Volume Window**]窗口,按图 4-9 输入流量值。

其他 Volume Window 设置使用默认的系统设置。

| LANE WINDOW | EBL | EBT | EBR | WBL | WBT | WBR | NBL | NBT | NBR | SBL | SBT | SBR |
|---|---|---|---|---|---|---|---|---|---|---|---|---|
| Lanes and Sharing (#RL) | | | | | | | | | | | | |
| Ideal Satd. Flow (vphpl) | 1900 | 1900 | 1900 | 1900 | 1900 | 1900 | 1900 | 1900 | 1900 | 1900 | 1900 | 1900 |
| Lane Width (m) | 3.6 | 3.6 | 3.6 | 3.6 | 3.6 | 3.6 | 3.6 | 3.6 | 3.6 | 3.6 | 3.6 | 3.6 |
| Grade (%) | – | 0 | | – | 0 | | – | 0 | | – | 0 | |
| Area Type | – | Other | | – | Other | | – | Other | | – | Other | |
| Storage Length (m) | 0.0 | – | 0.0 | 0.0 | – | 0.0 | 0.0 | – | 0.0 | 0.0 | – | 0.0 |
| Storage Lanes (#) | | | | | | | | | | | | |
| Total Lost Time (s) | 4.0 | 4.0 | 4.0 | 4.0 | 4.0 | 4.0 | 4.0 | 4.0 | 4.0 | 4.0 | 4.0 | 4.0 |
| Leading Detector (m) | 15.0 | 15.0 | | 15.0 | 15.0 | | 15.0 | 15.0 | | 15.0 | 15.0 | |
| Trailing Detector (m) | 0.0 | 0.0 | | 0.0 | 0.0 | | 0.0 | 0.0 | | 0.0 | 0.0 | |

图 4-8　车道值输入

| VOLUME WINDOW | EBL | EBT | EBR | WBL | WBT | WBR | NBL | NBT | NBR | SBL | SBT | SBR |
|---|---|---|---|---|---|---|---|---|---|---|---|---|
| Traffic Volume (vph) | 204 | 413 | 556 | 361 | 592 | 170 | 317 | 741 | 156 | 175 | 726 | 210 |

图 4-9　流量值输入

（3）输入相位控制数据

在［相位窗口］中使用系统相位模板（［**Options**］→Edit Template Phases…）快速构建这个交叉口的相位控制设定。在这个例子中，主街道是东西方向，因此按下［**Options**］按钮，然后选择 Set to East-West Template Phase 为东西干线设置相位。系统将自动设定如图 4-10 所示的相位数。

| TIMING WINDOW | EBL | EBT | EBR | WBL | WBT | WBR | NBL | NBT | NBR | SBL | SBT | SBR |
|---|---|---|---|---|---|---|---|---|---|---|---|---|
| Lanes and Sharing (#RL) | | | | | | | | | | | | |
| Traffic Volume (vph) | 204 | 413 | 556 | 361 | 592 | 170 | 317 | 741 | 156 | 175 | 726 | 210 |
| Turn Type | Perm | – | | Perm | – | | Perm | – | – | Perm | | |
| Protected Phases | | 2 | | | 6 | | | 8 | | | 4 | |
| Permitted Phases | 2 | | | 6 | | | 8 | | | 4 | | |
| Detector Phases | 2 | 2 | | 6 | 6 | | 8 | 8 | | 4 | 4 | |

图 4-10　系统自动设定相位

注意到此时 Turn Type 中左转相位默认设定为 Perm，在该例子中所有的左转相位都是被保护的。采用双环、八相位控制器信号配时中，使用 Turn Type 设置的下拉框设定专用左转车道的所有左转相位为 pm＋pt。设定后的相位数如图 4-11 所示。

| TIMING WINDOW | EBL | EBT | EBR | WBL | WBT | WBR | NBL | NBT | NBR | SBL | SBT | SBR |
|---|---|---|---|---|---|---|---|---|---|---|---|---|
| Lanes and Sharing (#RL) | | | | | | | | | | | | |
| Traffic Volume (vph) | 204 | 413 | 556 | 361 | 592 | 170 | 317 | 741 | 156 | 175 | 726 | 210 |
| Turn Type | pm+pt | – | | pm+pt | – | | Perm | – | | pm+pt | | |
| Protected Phases | 5 | 2 | | 1 | 6 | | | 8 | | 7 | 4 | |
| Permitted Phases | 2 | | | 6 | | | 8 | | | 4 | | |
| Detector Phases | 5 | 2 | | 1 | 6 | | 8 | 8 | | 7 | 4 | |

图 4-11　更改设置后相位设置

同时，注意到上述双环结构中作为延误左转，需要设置相位的 Lead/Lag。（Lead/Lag 行在［**Timing**］窗口和［**Phasing**］窗口。如果［**Timing**］窗口中的 Lead/Lag 行不可见，用命令 Option Timing-Window Show-Phase-Options 打开。）

（4）决定相位顺序

Synchro 在［**相位窗口**］中依次选择［**Options**］→［**Ring and Barrier Designer**］中决定相位顺序（如果允许早开迟闭优化,则在优化前该项选择为是）。所得出的节点相位顺序的优化结果如图 4-12 所示。

该例子中选择 Control Type 类型为 Actuated-Coordinated,输入当前周期长度为 120s。如图 4-13 所示。

**注意**:作为一个独立的交叉口,偏移量设置对本例结果没有影响,因此不必修改这个设置。

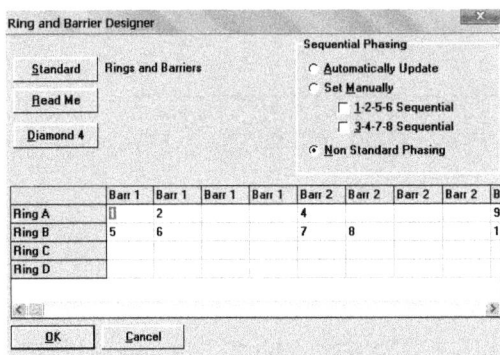

图 4-12 节点相位顺序优化结果                     图 4-13 输入周期长度

最后的步骤即输入已有的绿信比信息,可以在 Total Split 行输入,该例子中 Total Split 设置如图 4-14 所示。

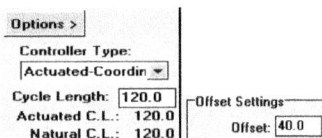

图 4-14 输入绿信比

**注意**:用鼠标调整绿信比时,移动鼠标到［**Timing**］窗口底部所示的 Split and Phasing 图中黄色 + 所有红色条的右边。

（5）优化交叉口周期长度

基本数据输入和分析后,最后一步是要找出该独立交叉口最佳的信号配时方案。在［**相位窗口**］中依次选择［**Optimize**］→［**Intersection Cycle Length**］命令,为该交叉口设置一般周期长度。一般周期长度是交叉口独立运作的最低可接受长度。Synchro 系统将自动优化交叉口路口绿信比。

（6）记录结果

报告的有效尺寸是饱和度（$V/C$）、延误和服务水平 LOS。

打印这些结果,用命令 FILE Print-Window。其他更多的详细的报表,请参见 Intersection Report。

### 4.3.6 实验数据记录与分析

（1）分别记录两种控制方案下的路口通行能力、服务水平、车辆平均延误参数。
（2）绘制两种控制方案下的相位阶段图。

### 4.3.7 实验思考与问题

(1)请分析基本两相和双环八相两种控制方案的特点和适应性。

(2)改变交叉口的系统初始相位要考虑哪些因素及优缺点?

(3)本实验中路口渠化能否优化? 若能,请试验并记录优化结果,说明优化原因。

# 第 5 章

# 干道交通信号协调控制实验

## 5.1　实验目的

通过交叉口计算机仿真实验,进一步熟悉和了解仿真系统的原理、操作、应用,并通过本实验,加深对干线交叉口交通信号的协调控制(简称线控,也称绿波系统)包括车道布置、信号配时、相位安置、绿波带等课堂知识的进一步掌握。使学生通过线控方案设计与仿真实验,了解路口渠化和交通管制对城市道路路口交通通行能力的影响,并掌握应用软件的操作程序以及设计特点。

## 5.2　实验原理

平面交叉口的通行能力受到各进口车行道布置、信号周期长度、相位配时等因素的影响,因此,在进行平面交叉口的综合治理时,要考虑各种因素,根据系统思想,结合其效率检验指标(流量/容量比、延误和服务水平),使交叉口整体达到较佳服务水平。根据交叉口的道路条件及交叉口各个进口道到达的交通的流向与流量,利用模拟系统提供的相关模型与方法,确定交叉口协调控制的信号配时方案;通过对基本参数的调整,优化交叉口的信号周期;最后利用模拟平台分析提供相应评价指标体系,通过滚动实施,建立交叉口的有效控制方案,确定交叉口协调控制的优化方案。

## 5.3 实验设施设备

计算机、交通仿真软件 Synchro 一套、实验记录纸、实验报告纸。

## 5.4 实验内容

建立给定路段、路口条件的仿真模型,基本参数有交叉口间距、街道及交叉口的布局、交通量、交通管制规则、车速和延误等。设计不同的路口渠化及交通管制方案,观察不同的方案对路口各进口通行能力的影响,并确定最优方案。主要的影响参数包括:通行能力、排队长度、车辆平均消散时间、停车延误等。

选做内容:修改道路属性如车道数、车道宽度等,修改交叉口的交通管制方式,如单向交通、转弯禁行等进行然后观察路口各参数的变化。

## 5.5 实验步骤

组控的一般功能体现在对有支线交叉口的控制上。如图 5-1 所示就是一个典型有支线交叉口的车道结构图,这里一个控制器可以同时控制两个交叉口。

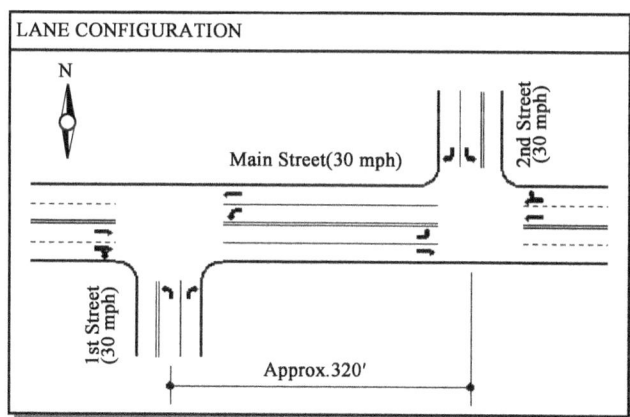

图 5-1 车道结构图示例

(1)建网

打开 Synchro 选择建立新文件命令建立一个新网。在地图窗口中(如果地图窗口不是当前窗口,按[F2]键进入),建立如图 5-2 所示的网络(查看绘制连线和交叉口主题)。

一号街与二号街相距 320ft。

所用节点数如图 5-2 所示。

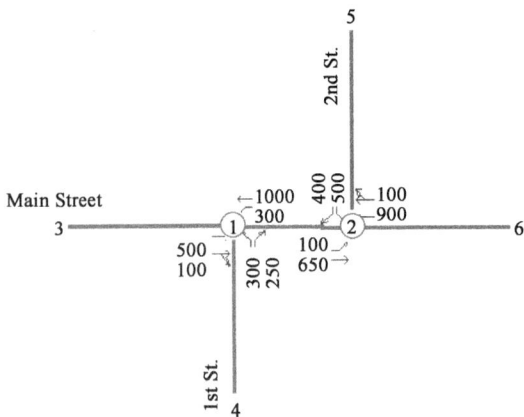

图 5-2　网络建立

在连接设置窗口中使用所有选项的默认值。

（2）输入车道和流量数据

在地图窗口中，点击主干道和一号街的交叉口，通过[配时窗口]按钮或者 **F5** 键可以激活配时窗口。输入的车道和流量数据如图 5-3 所示(或者查看步骤 1 中车道和流量表图)。

对于主干道和二号街交叉口的处理，重复上述步骤，结果如图 5-4 所示。

| TIMING WINDOW | EBT | EBH | WBL | WBT | NDL | NBR |
|---|---|---|---|---|---|---|
| Lanes and Sharing (#RL) | ↑↑ | ↱ | ↙ | ↑ | ↗ | ↗ |
| Traffic Volume (vph) | 500 | 100 | 300 | 1000 | 300 | 250 |

| TIMING WINDOW | EBL | EBT | WBT | WBR | SBL | SBR |
|---|---|---|---|---|---|---|
| Lanes and Sharing (#RL) | ↙ | ↑ | ↑↑ | ↓ | ↓ | ↓ |
| Traffic Volume (vph) | 100 | 650 | 900 | 100 | 500 | 400 |

图 5-3　一号街交叉口车道与流量值　　　　　　图 5-4　二号街交叉口车道与流量值

**注意**：以上内容也可通过地图快速编辑器来完成。

切换到车道窗口或者流量窗口，可以加入更多的细节信息，如转弯长度和高峰小时系数等。

（3）选择控制计划

首先，将基础数据输入 Synchro 中，用于分析和优化；然后在就地控制和组控、固定周期和浮动周期之间进行选择。

大多数情况下，现有设备决定了是使用就地控制还是组控。除非存在新的结构或者是要更新，否则所产生的配时计划必须符合现有设备。

当邻近信号机需要协调工作时，选择固定周期。

此例中，是采用一个控制器控制两个交叉口。决定最优配时计划的第一步是采用如步骤 3 所述的就地相位设计。

（4）建立就地相位设计

首先每个交叉口应使用就地控制。这点是很重要的，这样 Synchro 能实施适当的周期长度、相位差和相位顺序的优化。每个交叉口应当在一个单一循环内使用连续的相位设计。此例中，主干道和一号街占用 1-2-4 相位，主干道和北入口占用 5-6-8 相位。为实现这些，必须切换到循环和阶段设计器设计每一个交叉口。在阶段 1 的循环 A 中输入 1-2-4，完成一号街。在阶段 1 的循环 B 中输入 5-6-8，完成二号街。

此例中，使用感应协调控制器，并将东/西方向作为相位差参考相位。

一号街的配时信息如图 5-5 所示。

**注意:** WBT 相位和 WBL 相位(相位 1)是可以同时存在的。因此,在保护相位行的 WBT 中,输入以空格相隔的 2 和 1。先输入相位 2,Synchro 就能在绿信比优化中使用该相位。根据相位行的输入,系统会自动更新得到合适的检测相位。WBL 是受保护和允许的,因此,在允许相位行 WBL 中应输入以空格相隔的 1 和 2。NBR 和 WBL 同时进行,因此在保护相位行 NBR 中应输入 1。

二号街配时信息如图 5-6 所示。

| TIMING WINDOW | EBT → | EBR ↳ | WBL ↰ | WBT ← | NBL ↖ | NBR ↑ |
|---|---|---|---|---|---|---|
| Lanes and Sharing (#RL) | ↟ | | ↳↟ | ↟↟ | ↖ | ↟ |
| Traffic Volume (vph) | 500 | 100 | 300 | 1000 | 300 | 250 |
| Turn Type | | | Pm+Pt | | | Pm+Ov |
| Protected Phases | 2 | | 1 | 2 1 | 4 | 1 |
| Permitted Phases | | | 1 2 | | | 4 |
| Detector Phases | 2 | | 1 | 2 1 | 4 | |

图 5-5 一号街配时信息

| TIMING WINDOW | EBL ↗ | EBT → | WBT ← | WBR ↘ | SBL ↙ | SBR ↵ |
|---|---|---|---|---|---|---|
| Lanes and Sharing (#RL) | ↟ | | ↟↟ | ↟ | ↙ | ↟ |
| Traffic Volume (vph) | 100 | 650 | 900 | 100 | 500 | 400 |
| Turn Type | Pm+Pt | | | | | Pm+Ov |
| Protected Phases | 5 | 6 5 | 6 | | 8 | 5 |
| Permitted Phases | 5 6 | 6 | | | | 8 |
| Detector Phases | 5 | 6 5 | 6 | | | 5 |

图 5-6 二号街配时信息

(5)优化网络

优化系统作为两个就地交叉口的网络,先使用优化菜单中网络周期优化命令,然后使用网络相位差命令,实现网络的优化。此例中,周期是使用以 10s 为递增从 50～150s 的周期范围。

此例中,Synchro 用 80s 作为网络的周期长度。如果此例是就地控制,则工作完成。

(6)决定相位顺序

这一步是处理如何利用 Synchro 来决定相位顺序(如果允许早开迟闭优化,则在优化前该项选择是)。所得出的主干道和一号街交叉口(1 交叉点)相位顺序和绿信比的优化结果如图 5-7 所示。

**注意:** Synchro 已经规定相位 2 决定相位 1。

主干道和二号街相位优化结果如图 5-8 所示。

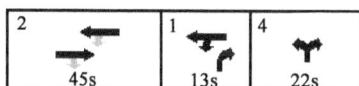

| 2 → 45s | 1 ↰ 13s | 4 ↖ 22s |
|---|---|---|

图 5-7 主干道和一号街交叉口优化结果

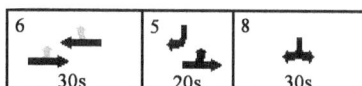

| 6 ← 30s | 5 ↙ 20s | 8 ↖ 30s |
|---|---|---|

图 5-8 主干道和二号街优化结果

(7)决定阶段变化点

进入时空图表,观察如图 5-9 所示的交通带。

**注意:** 相位 1 和相位 5 是滞后的,并且相位 2 和相位 6 是在 2s 内同时动作。这是一个滞后同时的配时计划。

(8)连接多个交叉口到一个控制器

首先,建立一个控制器控制多个交叉路口的文件。切换到集束编辑器,选择一个控制器控制多个交叉路口这一项。

其次,点击主干道和二号街的交叉口,并加入集束中。

**注意:** 节点 2(即主干道和二号街的交叉口)已经改变了颜色。在[**配时和相位**]窗口中,这种颜色可以明确地区分交叉口的数据是否被改变。

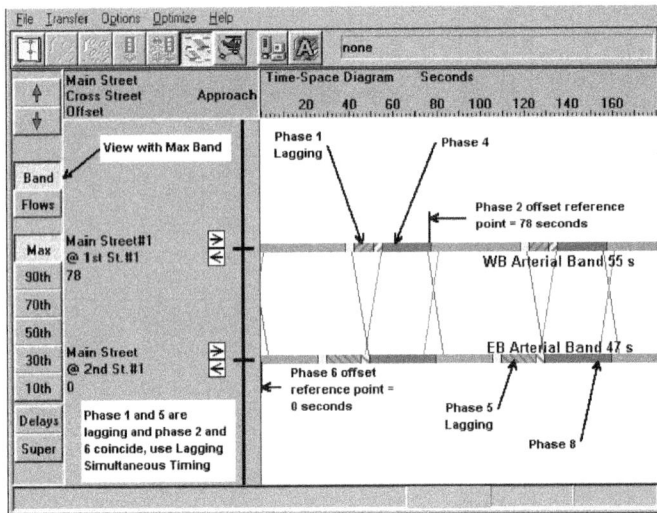

图 5-9　示例交通带

最后,选择[**是**]。

(9)建立循环的结构

这一步是在循环和阶段设计器中建立合适的循环结构。

第三步中的每个路口是建立在一个单一的循环中,没有其他附加的改动。多个交叉口的绿信比和相位设计结果如图 5-10 所示。

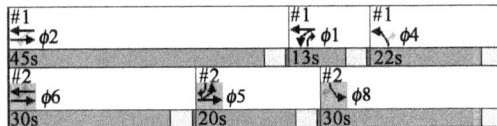

图 5-10　设计绿信比

(10)优化交叉口周期长度

如果基础数据已经输入并且分析过,那么下一步就是找寻此交叉口的最佳配时计划。使用优化中交叉口周期长度优化命令可以把交叉口设置为自然周期长度。自然周期长度是一个交叉口独立运作的最低可接受的周期长度。当完成这一步时,Synchro 会自动优化交叉口的绿信比。

# 5.6　实验报告要求

(1)绘制最优方案路口渠化图与时—距图。

(2)详细记录最优方案下的路口通行能力参数。

(3)总结最优方案。

# 5.7　实验注意事项

(1)注意关键交叉口的确定。

(2)注意周期时长、绿信比及时差等基本参数在线控制中的影响程度。

(3)注意选用线控系统的依据。

# 5.8 实验思考与问题

（1）选用线控制系统的依据有哪些？

（2）分析单向交通的线控如何协调。

（3）感应式线控系统的原理是什么？

# 第 6 章

# 典型交通小区信号协调控制实验

## 6.1 实验目的

通过该实验,使学生进一步加深对区域信号协调控制的理解,基本掌握区域信号协调控制方案的设计方法和设计过程,熟练操作 Synchro 仿真软件,并能利用软件进行评价分析和方案优化。

## 6.2 实验原理

区域信号协调控制将一个区域内的多个交叉口的车流运动视为一个整体,综合考虑区域内交叉口的信号配时方案,各交叉口的信号控制方案相互关联,协调运行,以使路网总体运行效率达到最高。

## 6.3 实验设施设备

计算机、交通仿真软件 Synchro 一套、实验记录纸、实验报告纸。

## 6.4 实验内容

建立给定路网、路口条件的仿真模型,设置交叉口间距、车速、交叉口渠化、交通量、交通管制规则(如禁止左转、禁止右转)等参数,根据路网条件和流量特性设计区域交叉口信号协调控制配时方案,通过系统评价指标来不断调整各交叉口的信号周期长度、相位设计和相位差等参数,确定最优控制方案。

## 6.5 实验步骤

(1)创建网络

打开 Synchro 选择建立新文件命令建立一个新网。在地图窗口中(如果地图窗口不是当前窗口,按 **F2** 键),建立如图 6-1 的网络。

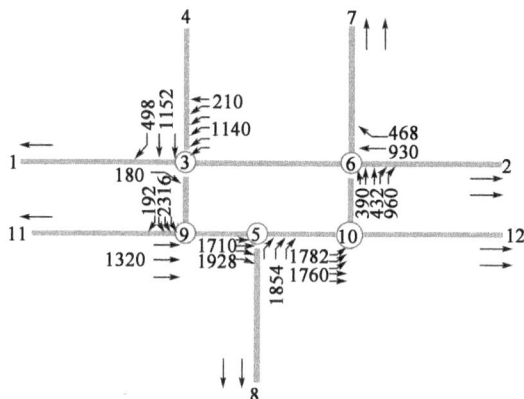

图 6-1 网络创建

所用节点如图 6-1 所示,具体情况如下:3 节点与 6 节点相距 300ft,3 节点与 9 节点相距 140ft,9 节点与 5 节点相距 140ft,5 节点与 10 节点相距 160ft,10 节点与 6 节点相距 140ft。在 [ **Line Settings 设置** ] 窗口中使用所有选项的默认值。

(2)输入车道和流量数据

在地图窗口中,点击 3 节点的交叉口,通过 [ **配时** ] 窗口按钮或 **F5** 键可以激活 [ **配时** ] 窗口。输入的车道和流量数据如图 6-2 所示。

图 6-2 3 节点车道和流量输入

对 9 节点的处理,重复上述步骤,结果如图 6-3 所示。

图 6-3 9 节点车道和流量输入

对 5 节点的处理,重复上述步骤,结果如图 6-4 所示。

| TIMING WINDOW | EBT | EBR | WBL | WBT | NBL | NBR |
|---|---|---|---|---|---|---|
| Lanes and Sharing (#RL) | ↑↑ | ↱↱ | | | | ↱↱↱ |
| Traffic Volume (vph) | 1710 | 1926 | 0 | 0 | 0 | 1854 |

图 6-4　5 节点车道和流量输入

对 10 节点的处理,重复上述步骤,结果如图 6-5 所示。

| TIMING WINDOW | EBL | EBT | WBT | WBR | SBL | SBR |
|---|---|---|---|---|---|---|
| Lanes and Sharing (#RL) | ↱↱↱↱ | ↑↑ | | | | |
| Traffic Volume (vph) | 1782 | 1760 | 0 | 0 | 0 | 0 |

图 6-5　10 节点车道和流量输入

对 6 节点的处理,重复上述步骤,结果如图 6-6 所示。

| TIMING WINDOW | EBL | EBT | EBR | WBL | WBT | WBR | NBL | NBT | NBR | SBL | SBT | SBR |
|---|---|---|---|---|---|---|---|---|---|---|---|---|
| Lanes and Sharing (#RL) | | | | | ↑ | ↑↑ | ↱↱ | ↑ | | | | |
| Traffic Volume (vph) | 0 | 0 | 0 | 0 | 930 | 468 | 390 | 432 | 960 | 0 | 0 | 0 |

图 6-6　6 节点车道和流量输入

(3)建立相位设计

使用感应协调控制器,并将东/西方向作为相位参考相位。

3 节点的配时信息如图 6-7 所示。

| TIMING WINDOW | EBL | EBT | EBR | WBL | WBT | WBR | NBL | NBT | NBR | SBL | SBT | SBR |
|---|---|---|---|---|---|---|---|---|---|---|---|---|
| Lanes and Sharing (#RL) | | | ↱ | ↱↱↱↱↱ | ↑ | | | | | | ↑↑ | |
| Traffic Volume (vph) | 0 | 0 | 180 | 1140 | 210 | 0 | 0 | 0 | 0 | 0 | 1152 | 498 |
| Turn Type | — | — | custom | Perm | — | — | — | — | — | — | — | Perm |
| Protected Phases | | | | | 4 | | | | | | 2 | |
| Permitted Phases | | | | 4 | 4 | | | | | | | 2 |
| Detector Phases | | | | 4 | 4 | 4 | | | | | 2 | 2 |

图 6-7　3 节点配时信息设置

9 节点的配时信息如图 6-8 所示。

| TIMING WINDOW | EBL | EBT | WBT | WBR | SBL | SBR |
|---|---|---|---|---|---|---|
| Lanes and Sharing (#RL) | | ↑↑↑ | | | ↱↱↱↱ | ↱ |
| Traffic Volume (vph) | 0 | 1320 | 0 | 0 | 2316 | 192 |
| Turn Type | | | | | | Perm |
| Protected Phases | — | 4 | — | — | 2 | |
| Permitted Phases | — | | — | — | | 2 |
| Detector Phases | — | 4 | — | — | 2 | 2 |

图 6-8　9 节点配时信息设置

5 节点的配时信息如图 6-9 所示。

| TIMING WINDOW | EBT | EBR | WBL | WBT | NBL | NBR |
|---|---|---|---|---|---|---|
| Lanes and Sharing (#RL) | ↑↑ | ↱↱ | | | | ↱↱↱ |
| Traffic Volume (vph) | 1710 | 1926 | 0 | 0 | 0 | 1854 |
| Turn Type | — | Perm | — | — | — | custom |
| Protected Phases | 2 | | — | — | | |
| Permitted Phases | | 2 | — | — | | 2 |
| Detector Phases | 2 | 2 | | | | 2 |

图 6-9　5 节点配时信息设置

10 节点的配时信息如图 6-10 所示。

| TIMING WINDOW | EBL | EBT | WBT | WBR | SBL | SBR |
|---|---|---|---|---|---|---|
| Lanes and Sharing [#RL] | ↰↰↰↰ | ↑↑ | | | | |
| Traffic Volume (vph) | 1782 | 1760 | 0 | 0 | 0 | 0 |
| Turn Type | Perm | — | — | — | — | — |
| Protected Phases | | 4 | — | — | — | — |
| Permitted Phases | 4 | | — | — | — | — |
| Detector Phases | 4 | 4 | — | — | — | — |

图 6-10   10 节点配时信息设置

6 节点的配时信息如图 6-11 所示。

| TIMING WINDOW | EBL | EBT | EBR | WBL | WBT | WBR | NBL | NBT | NBR |
|---|---|---|---|---|---|---|---|---|---|
| Lanes and Sharing [#RL] | | ↱ | | ↳ | ↑ | | ↳ | ↑↑ | ↱↱ |
| Traffic Volume (vph) | 0 | 0 | 0 | 0 | 930 | 468 | 390 | 432 | 960 |
| Turn Type | — | — | — | — | — | Perm | Perm | — | Perm |
| Protected Phases | — | — | — | — | 4 | | | 2 | |
| Permitted Phases | — | — | — | — | | 4 | 2 | | 2 |
| Detector Phases | — | — | — | — | 4 | 4 | 2 | 2 | 2 |

图 6-11   6 节点配时信息设置

（4）优化网络

优化系统作为五个交叉口的网络,先使用优化菜单中网络周期优化命令,然后使用网络相位差命令,实现网络的优化。

（5）优化交叉口周期

在此例中,多个交叉口采用相同的相位,如果基础数据已经输入并且分析过,使用优化中交叉口周期长度优化命令把交叉口设置为自然周期长度。当完成这一步时,Synchro 系统会自动优化交叉口的绿信比,实现最优化控制。

# 6.6   实验数据记录与分析

（1）画出区域交通信号协调控制方案相位设计图。
（2）比较单点信号控制和区域协调控制下的区域交叉口总体运行效率差异。

# 6.7   实验思考与问题

（1）分析区域交通信号协调控制的适用条件。
（2）思考本例中交通管理措施可否进一步优化,若能优化,请说明优化依据并分析优化结果。

**第 7 章**

# 个性化实验

通过该组实验,使学生进一步了解交通控制对城市交通运行效率的影响,熟练点控、线控、面控的信号配时方案的设计与优化,尝试解决复杂路网、交通条件下的交通管理与控制方案设计,加深对交通仿真软件的认识和掌握。学生可根据自身兴趣和知识掌握程度,有选择性地进行实验。

## 7.1 六进口的独立交叉口信号配时实验

(1)创建网络

打开 Synchro 选择建立新文件命令建立一个新网,建立如图 7-1 所示的网络。

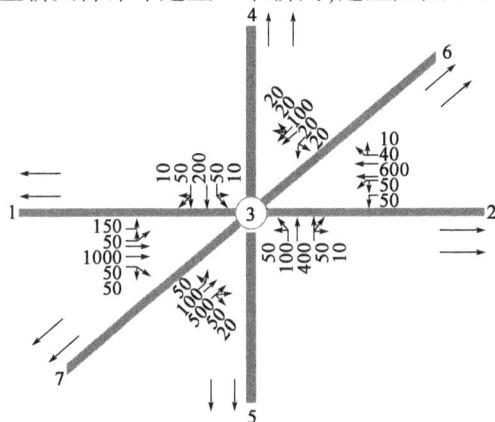

图 7-1　网络建立

（2）输入车道和流量数据

输入的车道和流量数据如图7-2、图7-3所示。

图7-2　车道数据和流量数据输入（1）

图7-3　车道数据和流量数据输入（2）

（3）输入相位控制数据

设置主街道是东西方向，按下［**Options**］按钮，然后选择 Set to East-West Template Phase 为东西干线设置相位。

选择 Control Type 为 Actuated-Uncoordinated 类型。如图7-4所示。

（4）优化交叉口周期长度

使用 Optimize Intersection Cycle Length 命令为交叉口设置一般周期长度。

（5）记录结果

报告的有效内容包括：流量/容量比、延误及服务水平 LOS。

图7-4　相位控制信息

# 7.2　干道交通信号协调控制实验

（1）创建网络

打开 Synchro 选择建立新文件命令建立一个新网，建立如图7-5所示的网络。

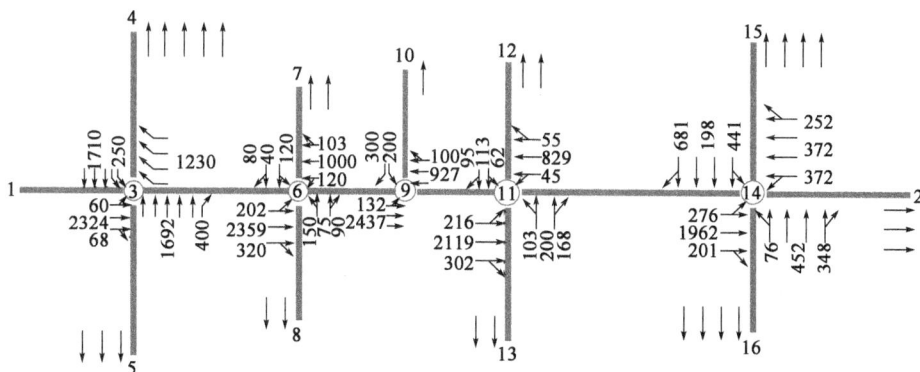

图7-5　网络创建

Line Settings 中所有使用系统默认的设置。

（2）输入车道和流量数据

3 节点输入的车道和流量数据如图 7-6 所示。

| TIMING WINDOW | EBL | EBT | EBR | WBL | WBT | WBR | NBL | NBT | NBR | SBL | SBT | SBR |
|---|---|---|---|---|---|---|---|---|---|---|---|---|
| Lanes and Sharing (#RL) | | | | | | | | | | | | |
| Traffic Volume (vph) | 60 | 2324 | 68 | 0 | 0 | 1230 | 0 | 1692 | 400 | 250 | 1710 | 0 |

图 7-6　3 节点车道流量数据输入

6 节点的车道和流量数据如图 7-7 所示。

| TIMING WINDOW | EBL | EBT | EBR | WBL | WBT | WBR | NBL | NBT | NBR | SBL | SBT | SBR |
|---|---|---|---|---|---|---|---|---|---|---|---|---|
| Lanes and Sharing (#RL) | | | | | | | | | | | | |
| Traffic Volume (vph) | 202 | 2359 | 320 | 120 | 1000 | 103 | 150 | 75 | 90 | 120 | 40 | 80 |

图 7-7　6 节点车道流量数据输入

9 节点的车道和流量数据如图 7-8 所示。

| TIMING WINDOW | EBL | EBT | WBT | WBR | SBL | SBR |
|---|---|---|---|---|---|---|
| Lanes and Sharing (#RL) | | | | | | |
| Traffic Volume (vph) | 132 | 2437 | 927 | 100 | 200 | 300 |

图 7-8　9 节点车道流量数据输入

11 节点的车道和流量数据如图 7-9 所示。

| TIMING WINDOW | EBL | EBT | EBR | WBL | WBT | WBR | NBL | NBT | NBR | SBL | SBT | SBR |
|---|---|---|---|---|---|---|---|---|---|---|---|---|
| Lanes and Sharing (#RL) | | | | | | | | | | | | |
| Traffic Volume (vph) | 216 | 2119 | 302 | 45 | 829 | 55 | 103 | 200 | 168 | 62 | 113 | 95 |

图 7-9　11 节点车道流量数据输入

14 节点的车道和流量数据如图 7-10 所示。

| TIMING WINDOW | EBL | EBT | EBR | WBL | WBT | WBR | NBL | NBT | NBR | SBL | SBT | SBR |
|---|---|---|---|---|---|---|---|---|---|---|---|---|
| Lanes and Sharing (#RL) | | | | | | | | | | | | |
| Traffic Volume (vph) | 276 | 1962 | 201 | 372 | 372 | 252 | 76 | 452 | 348 | 441 | 198 | 681 |

图 7-10　14 节点车道流量数据输入

（3）建立相位设计

使用感应协调控制器，并将东/西方向作为相位参考相位。

3 节点的配时信息如图 7-11 所示。

| TIMING WINDOW | EBL | EBT | EBR | WBL | WBT | WBR | NBL | NBT | NBR | SBL | SBT | SBR |
|---|---|---|---|---|---|---|---|---|---|---|---|---|
| Lanes and Sharing (#RL) | | | | | | | | | | | | |
| Traffic Volume (vph) | 276 | 1962 | 201 | 372 | 372 | 252 | 76 | 452 | 348 | 441 | 198 | 681 |
| Turn Type | Perm | — | | Perm | — | — | Perm | — | | Perm | | |
| Protected Phases | | 2 | — | | 6 | | | 8 | | | 4 | |
| Permitted Phases | 2 | | | 6 | | | 8 | | | 4 | | |
| Detector Phases | 2 | 2 | — | 6 | 6 | — | 8 | 8 | — | 4 | 4 | |

图 7-11　3 节点配时信息

6 节点的配时信息如图 7-12 所示。

9 节点的配时信息如图 7-13 所示。

| TIMING WINDOW | EBL | EBT | EBR | WBL | WBT | WBR | NBL | NBT | NBR | SBL | SBT | SBR |
|---|---|---|---|---|---|---|---|---|---|---|---|---|
| Lanes and Sharing (#RL) | | ↑↑↑ | | | ↑↑↑ | | | ↑ | | | ↑ | |
| Traffic Volume (vph) | 202 | 2359 | 320 | 120 | 1000 | 103 | 150 | 75 | 90 | 120 | 40 | 80 |
| Turn Type | Perm | — | — | Perm | — | — | Perm | — | — | Perm | — | — |
| Protected Phases | | 5 | | | 1 | | | 3 | | | 7 | |
| Permitted Phases | 5 | | | 1 | | | 3 | | | 7 | | |
| Detector Phases | 5 | 5 | | 1 | 1 | | 3 | 3 | | 7 | 7 | |

图 7-12　6 节点配时信息

| TIMING WINDOW | EBL | EBT | WBT | WBR | SBL | SBR |
|---|---|---|---|---|---|---|
| Lanes and Sharing (#RL) | | ↑↑↑ | ↑↑↑ | | ↑ | ↑ |
| Traffic Volume (vph) | 132 | 2437 | 927 | 100 | 200 | 300 |
| Turn Type | Perm | — | — | — | — | Perm |
| Protected Phases | | 2 | 6 | — | 4 | |
| Permitted Phases | 2 | | | | | 4 |
| Detector Phases | 2 | 2 | 6 | | 4 | 4 |

图 7-13　9 节点配时信息

11 节点的配时信息如图 7-14 所示。

| TIMING WINDOW | EBL | EBT | EBR | WBL | WBT | WBR | NBL | NBT | NBR | SBL | SBT | SBR |
|---|---|---|---|---|---|---|---|---|---|---|---|---|
| Lanes and Sharing (#RL) | | ↑↑↑ | | | ↑↑↑ | | | ↑↑ | | | ↑↑ | |
| Traffic Volume (vph) | 216 | 2119 | 302 | 45 | 829 | 55 | 103 | 200 | 168 | 62 | 113 | 95 |
| Turn Type | Perm | — | — | Perm | — | — | Perm | — | — | Perm | — | — |
| Protected Phases | | 5 | | | 1 | | | 3 | | | 7 | |
| Permitted Phases | 5 | | | 1 | | | 3 | | | 7 | | |
| Detector Phases | 5 | 5 | | 1 | 1 | | 3 | 3 | | 7 | 7 | |

图 7-14　11 节点配时信息

14 节点的配时信息如图 7-15 所示。

| TIMING WINDOW | EBL | EBT | EBR | WBL | WBT | WBR | NBL | NBT | NBR | SBL | SBT | SBR |
|---|---|---|---|---|---|---|---|---|---|---|---|---|
| Lanes and Sharing (#RL) | | ↑↑↑↑ | | | ↑↑↑↑ | | | ↑↑↑↑ | | | ↑↑↑↑ | |
| Traffic Volume (vph) | 276 | 1962 | 201 | 372 | 372 | 252 | 76 | 452 | 348 | 441 | 198 | 681 |
| Turn Type | Perm | — | — | Perm | — | — | Perm | — | — | Perm | — | — |
| Protected Phases | | 2 | | | 6 | | | 8 | | | 4 | |
| Permitted Phases | 2 | | | 6 | | | 8 | | | 4 | | |
| Detector Phases | 2 | 2 | | 6 | 6 | | 8 | 8 | | 4 | 4 | |

图 7-15　14 节点配时信息

（4）优化网络

优化系统作为五个交叉口的网络,先使用优化菜单中网络周期优化命令,然后使用网络相位差命令,实现网络的优化。

（5）优化交叉口周期

在此例中,多个交叉口采用同一相位,如果基础数据已经输入并且分析过,使用优化中交叉口周期长度优化命令把交叉口设置为自然周期长度。当完成这一步时,Synchro 系统会自动优化交叉口的绿信比,实现最优化控制。

# 7.3　典型交通区域信号协调控制实验

（1）创建网络

打开 Synchro 选择建立新文件命令建立一个新网,建立如图 7-16 所示的网络。

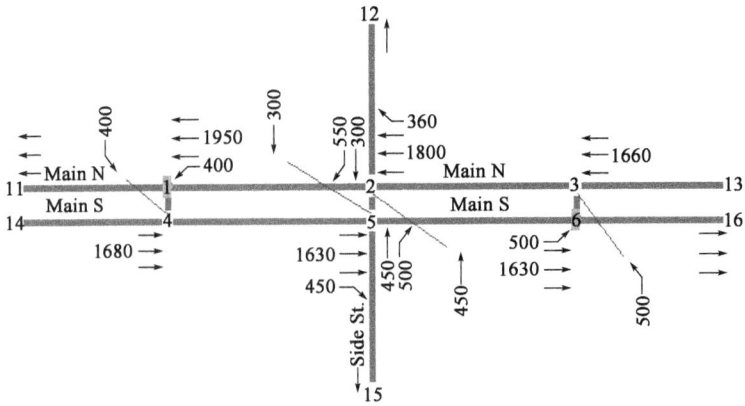

图 7-16　网络建立

Line Settings 中所有使用系统默认的设置。

（2）输入车道和流量数据

1 节点（采用 Unsignalized 控制类型）输入的车道和流量数据如图 7-17 所示。

| SIGNING WINDOW | EBT | EBR | WBL | WBT | NBL | NBR |
|---|---|---|---|---|---|---|
| Lanes and Sharing (#RL) | | | ↰ | ↑↑↑ | | |
| Traffic Volume (vph) | 0 | 0 | 400 | 1950 | 0 | 0 |

图 7-17　1 节点车道流量数据输入

2 节点输入的车道和流量数据如图 7-18 所示。

| TIMING WINDOW | EBL | EBT | EBR | WBL | WBT | WBR | NBL | NBT | NBR | SBL | SBT | SBR |
|---|---|---|---|---|---|---|---|---|---|---|---|---|
| Lanes and Sharing (#RL) | | | | | ↑↑↑ | | | ↑ | | | | |
| Traffic Volume (vph) | 0 | 0 | 0 | 0 | 1800 | 360 | 0 | 450 | 0 | 0 | 300 | 550 |

图 7-18　2 节点车道流量数据输入

3 节点输入的车道和流量数据如图 7-19 所示。

| TIMING WINDOW | EBT | EBR | WBL | WBT | NBL | NBR |
|---|---|---|---|---|---|---|
| Lanes and Sharing (#RL) | | | | ↑↑↑ | ↰ | |
| Traffic Volume (vph) | 0 | 0 | 0 | 1660 | 500 | 0 |

图 7-19　3 节点车道流量数据输入

4 节点输入的车道和流量数据如图 7-20 所示。

| TIMING WINDOW | EBL | EBT | WBT | WBR | SBL | SBR |
|---|---|---|---|---|---|---|
| Lanes and Sharing (#RL) | | ↑↑↑ | | | ↰ | |
| Traffic Volume (vph) | 0 | 1680 | 0 | 0 | 400 | 0 |

图 7-20　4 节点车道流量数据输入

5 节点输入的车道和流量数据如图 7-21 所示。

6 节点（采用 Unsignalized 控制类型）输入的车道和流量数据如图 7-22 所示。

| TIMING WINDOW | EBL | EBT | EBR | WBL | WBT | WBR | NBL | NBT | NBR | SBL | SBT | SBR |
|---|---|---|---|---|---|---|---|---|---|---|---|---|
| Lanes and Sharing (#RL) | | ↑↑↑ | | | | | | ↑ | | | ↑ | |
| Traffic Volume (vph) | 0 | 1630 | 450 | 0 | 0 | 0 | 0 | 450 | 500 | 0 | 300 | 0 |

图 7-21　5 节点车道流量数据输入

| SIGNING WINDOW | EBL | EBT | WBT | WBR | SBL | SBR |
|---|---|---|---|---|---|---|
| Lanes and Sharing (#RL) | ↑ | ↑↑↑ | | | | |
| Traffic Volume (vph) | 500 | 1630 | 0 | 0 | 0 | 0 |

图 7-22　6 节点车道流量数据输入

（3）建立相位设计

使用感应非协调控制器,并将东/西方向作为相位参考相位。

1 节点的配时信息如图 7-23 所示。

| SIGNING WINDOW | EBT | EBR | WBL | WBT | NBL | NBR |
|---|---|---|---|---|---|---|
| Lanes and Sharing (#RL) | | | ↑ | ↑↑↑ | | |
| Traffic Volume (vph) | 0 | 0 | 400 | 1950 | 0 | 0 |
| Sign Control | Stop | — | — | Free | Stop | — |

图 7-23　1 节点配时信息

2 节点的配时信息如图 7-24 所示。

| TIMING WINDOW | EBL | EBT | EBR | WBL | WBT | WBR | NBL | NBT | NBR | SBL | SBT | SBR |
|---|---|---|---|---|---|---|---|---|---|---|---|---|
| Lanes and Sharing (#RL) | | | | | ↑↑↑ | ↑ | | ↑ | | | ↑ | ↑ |
| Traffic Volume (vph) | 0 | 0 | 0 | 0 | 1800 | 360 | 0 | 450 | 0 | 0 | 300 | 550 |
| Turn Type | — | — | — | — | — | Perm | — | — | — | — | — | Perm |
| Protected Phases | — | — | — | — | 6 | — | — | 4 | — | — | 8 | — |
| Permitted Phases | — | — | — | — | — | 6 | — | — | — | — | — | 8 |
| Detector Phases | — | — | — | — | 6 | 6 | — | 4 | — | — | 8 | 8 |

图 7-24　2 节点配时信息

3 节点的配时信息如图 7-25 所示。

| TIMING WINDOW | EBT | EBR | WBL | WBT | NBL | NBR |
|---|---|---|---|---|---|---|
| Lanes and Sharing (#RL) | | | | ↑↑↑ | ↑ | |
| Traffic Volume (vph) | 0 | 0 | 0 | 1660 | 500 | 0 |
| Turn Type | — | — | — | — | — | — |
| Protected Phases | — | — | — | 1 7 | 3 5 | — |
| Permitted Phases | — | — | — | — | — | — |
| Detector Phases | — | — | — | 1 7 | 3 5 | — |

图 7-25　3 节点配时信息

4 节点的配时信息如图 7-26 所示。

| TIMING WINDOW | EBL | EBT | WBT | WBR | SBL | SBR |
|---|---|---|---|---|---|---|
| Lanes and Sharing (#RL) | | ↑↑↑ | | | ↑ | |
| Traffic Volume (vph) | 0 | 1680 | 0 | 0 | 400 | 0 |
| Turn Type | — | — | — | — | — | — |
| Protected Phases | — | 1 7 | — | — | 3 5 | — |
| Permitted Phases | — | — | — | — | — | — |
| Detector Phases | — | 1 7 | — | — | 3 5 | — |

图 7-26　4 节点配时信息

5 节点的配时信息如图 7-27 所示。

| TIMING WINDOW | EBL | EBT | EBR | WBL | WBT | WBR | NBL | NBT | NBR | SBL | SBT | SBR |
|---|---|---|---|---|---|---|---|---|---|---|---|---|
| Lanes and Sharing (#RL) | | ↑↑↑ | ↗ | | | | | ↑ | | | ↑ | |
| Traffic Volume (vph) | 0 | 1630 | 450 | 0 | 0 | 0 | 0 | 450 | 500 | 0 | 300 | 0 |
| Turn Type | — | — | Perm | | | | — | — | Perm | | | |
| Protected Phases | — | 2 | | — | — | — | | 8 | | — | 4 | — |
| Permitted Phases | — | | 2 | | | | | | 8 | — | | |
| Detector Phases | — | 2 | 2 | — | — | — | — | 8 | 8 | — | 4 | — |

图 7-27　5 节点配时信息

6 节点的配时信息如图 7-28 所示。

| SIGNING WINDOW | EBL | EBT | WBT | WBR | SBL | SBR |
|---|---|---|---|---|---|---|
| Lanes and Sharing (#RL) | ↱ | ↑↑↑ | | | | |
| Traffic Volume (vph) | 500 | 1630 | 0 | 0 | 0 | 0 |
| Sign Control | — | Free | Stop | | Stop | |

图 7-28　6 节点配时信息

（4）优化网络

优化系统作为五个交叉口的网络，先使用优化菜单中网络周期优化命令，然后使用网络相位差命令，实现网络的优化。

（5）优化交叉口周期

在例子中多个交叉口采用同个相位，如果基础数据已经输入并且分析过，使用优化中交叉口周期长度优化命令把交叉口设置为自然周期长度。当完成这一步时，Synchro 系统会自动优化交叉口的绿信比，实现最优化控制。

# 第8章

# VISSIM 实验系统与功能操作

## 8.1 VISSIM 软件功能简介

VISSIM 是一种微观、基于时间间隔和驾驶行为的仿真建模工具,用以建模和分析各种交通条件下(车道设置、交通构成、交通信号、公交站点等)城市交通和公共交通的运行状况,是评价交通工程设计和城市规划方案的有效工具。

(1)VISSIM 是解决各种交通问题的有力工具,主要应用包括:

①公交优先信号控制逻辑的设计、评价和调整。

②对于有协调和感应信号控制的路网内交通控制的评价和优化(Signal97 接口)。

③城市道路网中轻轨建设项目的可行性及其影响评价。

④分析慢速交通交织区。

⑤对比分析交通设计方案,包括信号控制交叉口和停车标志控制交叉口、环交及立交的设计。

⑥轻轨和公共汽车系统的综合站点布局的容量评价和管理评价。

⑦通过 VISSIM 评价公共汽车优先解决方案,如插队、港湾停靠站和公交专用车道。

⑧使用嵌入式动态交通分配模型,解决行驶路径选择的相关问题,如不确定信号的影响、对于中等城市而言,交通流分向路网邻近区域的可能性。

(2)VISSIM 软件是交通仿真软件,具体的模拟仿真功能包括:

①模拟交通渠化方案、公交枢纽组织、停车场设置、收费站车流量等各种交通现象。

②提供一个虚拟平台,在计算机上模拟不同方案的运行结果,提供定量分析指标。

③提供 2D 和 3D 的方案运行动画文件。

④测试所设计的信号灯情况,给出相关的评价指标,可在线显示信号灯的变化情况。

⑤感应模块可以通过检测量的设置,根据流量的不同,来设置感应式的信号灯或交通控制,实现逻辑控制信号或交通流。

⑥VISSIM 本身带有一套3D 模型的数据库,含有各种车辆模型和部分树木房屋等文件。

# 8.2 VISSIM 操作界面简介

打开 VISSIM 软件,界面主要包括标题栏、菜单栏、工具栏及编辑区,如图8-1 所示。

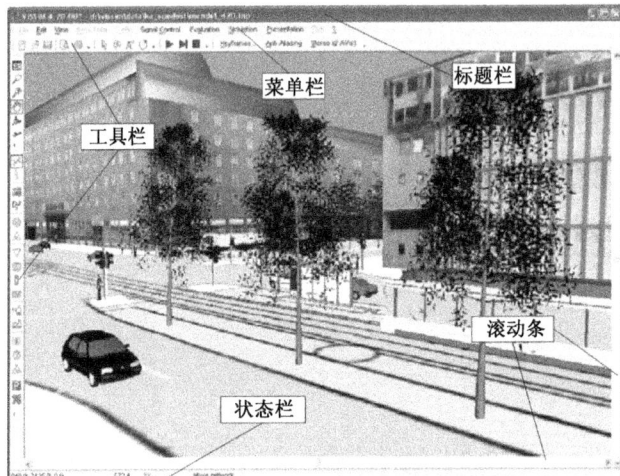

图 8-1 VISSIM 软件界面

1)标题栏

标题栏显示仿真程序的名称,版本和输入文件名称。如果是 Demo 文件,"Demo"的字样会添加在版本号后面。

2)菜单栏

如表 8-1 ~ 表 8-11 所示。

**文件——生成文件管理和打印命令** 表 8-1

| 选　　项 | 功　　能 | 快　捷　键 |
|---|---|---|
| 新建 | 初始化系统(关闭路网文件而不保存,创建新路网文件) | |
| 打开 | 打开路网文件 | |
| 附加读取 | 打开现有路网文件之外的路网文件 | CTRL + S |
| 保存 | 保存路网到当前 * . INP 文件 | |
| 另存为… | 保存路网到选定的路径和文件名 | |
| 输入 | 从文件读取 SYNCHRO 数据 | |
| 输出 | 数据输出到 SYNCHRO 或 VISUM | |
| 页面设置 | 设置打印输出资料的参数 | |
| 打印预览 | 打印前预览屏幕 | |
| 打印 | 打印输出资料到文件/设备 | |
| 退出 | 终止,关闭 VISSIM | |

编辑——路网编辑命令

表 8-2

| 选 项 | 功 能 | 快 捷 键 |
|---|---|---|
| 删除 | 删除选定路段、编辑器、节点 | DEL |
| 打断路段 | 打断选定路段 | F8 |
| 合并路径 | 结合静态线路 | |
| 3D 信号灯 | 只在信号灯模式下处于活动状态,可编辑 3D 信号灯模式 | CTRL + H |
| 选择模式 | 选择标准(单选),多选或标签模式,编辑路网 | |
| 选择列表 | 当前活动路网编辑模式的路网元素列表 | |
| 通路选择 | 只在节点模式下处于活动状态,打开所有动态交通分配通路列表 | |
| 自动选择路径 | 只在行车路径决策或停车场模式下激活,打开所有动态交通分配路径 | |
| 旋转路网 | 围绕(0,0)旋转整个路网 | |
| 平移路网 | 沿 $x$、$y$、$z$ 方向移动整个路网 | |

查看——屏幕显示命令和选项

表 8-3

| 选 项 | 功 能 | 快 捷 键 |
|---|---|---|
| 选项… | 设置一般显示选项 | |
| 中心线 | 显示/关闭中心线 | CTRL + A |
| 3D 模式 | 2D/3D 模式 | CTRL + D |
| 路网元素… | 多个路网元素显示配置 | |
| 显示路网元素 | 显示/关闭多个路网元素 | CTRL + N |
| 背景… | 加载并配置背景图片文件 | |
| 显示背景 | 显示背景图片 | CTRL + B |
| 状态栏 | 选择仿真时间显示格式 | |
| 加载设置… | 打开 VISSIM 设置文件 *.INI | |
| 保存设置… | 保存 VISSIM 设置文件 *.INI | |

基础数据——用户自定义仿真基础数据

表 8-4

| 选 项 | 功 能 | 快 捷 键 |
|---|---|---|
| 功能 | 设置不同类型车辆的加速度/减速度参数特性 | |
| 分布 | 设置车辆模型、行驶时间、功率、颜色、速度等参数 | |
| 排放 | Cold Emission 模块的参数 | |
| 车辆类型 | 编辑、新建或复制车辆类型参数如长度、宽度和占有率等 | |
| 车辆类别 | 编辑车辆种类 | |
| 驾驶行为 | 设置驾驶行为参数如视距、安全距离、驾驶员特性等 | |
| 路段类型 | 设置不同类型、等级的道路 | |

交通——用户自定义车流量数据

表 8-5

| 选 项 | 功 能 | 快 捷 键 |
|---|---|---|
| 交通构成 | 设置车辆类型、比例、车速分布等参数 | |
| 外部车辆 | 显示外部创建车辆数据,路径文件 | |
| 动态交通分配 | 动态交通分配数据 | |

107

**信号控制——信号控制数据输入**　　　　　　　表 8-6

| 选　　项 | 功　　能 | 快　捷　键 |
|---|---|---|
| 编辑控制机 | 创建/编辑/删除信号控制机 | |
| 通信 | 路段/非路段信号控制机 | |

**评价——选择评价类型,设置评价参数**　　　　　表 8-7

| 选　　项 | 功　　能 | 快　捷　键 |
|---|---|---|
| 窗口 | 在线评价配置 | |
| 文件 | 离线评价配置 | |
| 数据库 | 评价的配置数据库 | |

**仿真——仿真参数和运行控制**　　　　　　　表 8-8

| 选　　项 | 功　　能 | 快　捷　键 |
|---|---|---|
| 参数… | 设置仿真参数 | |
| 连续 | 连续运行仿真 | F5 |
| 单步 | 仿真以单步运行 | F6 |
| 停止 | 终止仿真运行 | ESC |
| 多运行 | 设置参数,开始多运行仿真 | |
| 加载快照… | 加载仿真快照文件 | |
| 保存快照… | 保存当前仿真状态作为快照文件 | |

**演示——创建和控制仿真演示**　　　　　　　表 8-9

| 选　　项 | 功　　能 | 快　捷　键 |
|---|---|---|
| 3D 视频 | 只在 3D 模式下,设置视频录像参数 | |
| 记录 AVI 文件 | 只在 3D 模式下,进行 *.AVI 录像 | |
| 动画参数… | 设置动画文件录像参数 | |
| ANI 录像 | 进行 *.ANI 文件录像 | |
| 连续 | 运行连续动画 | F5 |
| 单步 | 单步运行动画 | F6 |
| 停止 | 终止动画运行 | ESC |
| 单步向后 | 动画运行倒退一步 | |
| 连续向后 | 动画运行连续倒退 | |

**测试——测试无交通仿真的信号控制**　　　　　表 8-10

| 选　　项 | 功　　能 | 快　捷　键 |
|---|---|---|
| 连续 | 运行连续动画 | F5 |
| 单步 | 单步运行动画 | F6 |
| 停止 | 终止动画运行 | ESC |
| 宏 | 定义/编辑测试运行宏 | |
| 循环 | 测试运行管理模式 | |
| 记录 | 测试运行宏记录 | |

系统——当前 VISSIM 版本、服务和联系的信息 表 8-11

| 选　项 | 功　能 | 快　捷　键 |
|---|---|---|
| 帮助 | 打开在线帮助 | F1 |
| 版本 | 当前版本信息 | |
| 关于 | 关于 VISSIM 和联系信息 | |

3) 工具栏

(1) 文件——文件管理和打印命令

如表 8-12 所示。

文　件 表 8-12

| 选　项 | 功　能 | 快　捷　键 |
|---|---|---|
|  | 新建路网文件 | |
|  | 打开已有的 VISSIM 路网文件 | |
|  | 保存 VISSIM 路网文件到指定路径和文件名称 | CTRL + S |
|  | 打印预览 | |

(2) 选择——定义与选定的路网元素相结合的编辑模式

如表 8-13 所示。

选　择 表 8-13

| 选　项 | 功　能 | 快　捷　键 |
|---|---|---|
|  | 单选模式(标准模式) | |
|  | 多选模式 | |
|  | 标识位置模式。当某种路网元素处于编辑状态时,它的标识(如信号灯的名称)可以被重新定位 | |
|  | 鼠标点击位置如果存在多个路段/连接器,使用该按钮可以逐个浏览 | TAB |

(3) 仿真——仿真的工具栏是显示出来的

默认情况下,所有的专用工具栏都处于隐藏状态,只有常用运行模式的工具栏为可见状态。如表 8-14 所示。

| 仿 真 | | 表 8-14 |

| 选　项 | 功　能 | 快　捷　键 |
|---|---|---|
| ▶ | 连续仿真 | F5 |
| ▶| | 单步仿真 | F6 |
| ■ | 停止仿真 | ESC |

（4）导航——改变路网内观察位置的命令

如表 8-15 所示。

| 导 航 | | 表 8-15 |

| 选　项 | 功　能 | 快　捷　键 |
|---|---|---|
| | 显示整个路网 | |
| | 动态缩放(鼠标左击),前一视图(鼠标右击) | PAGEUP, PAGE DOWN |
| | 按指定比例缩放 | |
| | 移动路网(3D 模式,快捷键用于 2D 模式) | ↑,↓,←,→ |
| | 旋转路网(3D 模式) | |
| | 从路网上空飞过(3D 模式) | |

（5）路网元素——按下下列按钮时,将新建相应类型的路网元素,或编辑已有元素

如表 8-16 所示。

| 路 网 元 素 | | 表 8-16 |

| 选　项 | 功　能 |
|---|---|
| | 路段和连接器 |
| | 车道功能标志(图形) |
| | 输入交通流量 |
| | 静态路径(指定路网中的交通流向) |
| 50 | 期望车速决策点(永久改变车辆速度) |
| | 减速区域(临时改变车辆速度) |

续上表

| 选 项 | 功 能 |
|---|---|
| ▽ | 优先规则(如:无信号控制交叉口) |
| STOP | 停车标志 |
| | 信号灯 |
| | 信号检测器 |
| | 公交站点 |
| | 公交线路 |
| | 数据采集点 |
| | 行程时间和延误测量 |
| | 排队计数器 |
| P | 停车场/小区连接器 |
| | 节点(某些 VISSIM 用户可以独立于动态交通分配进行节点评价) |

# 第 9 章

# 信号控制交叉口 VISSIM 设计与仿真实验

## 9.1 实验目的

通过该实验,使学生进一步掌握单点信号控制交叉口的信号配时方案设计的过程与方法,学习运用交通仿真软件 VISSIM 进行信号控制交叉口设计与仿真,熟悉 VISSIM 的基本功能和基本操作。

## 9.2 实验原理

根据交叉口的道路条件及交叉口各进口道到达交通的流向和流量来确定和调整定时信号的配时方案。

## 9.3 实验设施设备

计算机、交通仿真软件 VISSIM 一套、实验记录纸、实验报告纸。

## 9.4 实验内容

本实验进行独立交叉口的信号配时方案设计与模拟仿真,主要内容为:导入背景图片(对象交叉口渠化图)—设置渠化图大小—建立基础路网(分别设置各进口道路段,再通过连接器设置车辆在路段间的行驶路径)—调整参数—输入车辆类型和比例—输入流量(各进口道输入流量和各流向流量)—信号配时方案设计—减速让行规则设置—设置检测器—仿真—结果输出。

# 9.5 实验步骤

1)启动 VISSIM 软件

单击 Start→所有程序→PTV_Vison→VISSIM4.3(或者直接双击桌面上的 VISSIM4.3)。

2)导入背景图片

(1)选择对象交叉口背景图

在菜单栏依次选择[**查看**]→[**背景**]→[**编辑**],点击[**读取**],从 VISSIM 文件夹→Example 文件夹→Demo 文件夹→UrbanIntersection_Beijing. cn 文件夹选择导入 VISSIM 的目标图片文件 SG_lare1. jpeg,如图 9-1 所示。

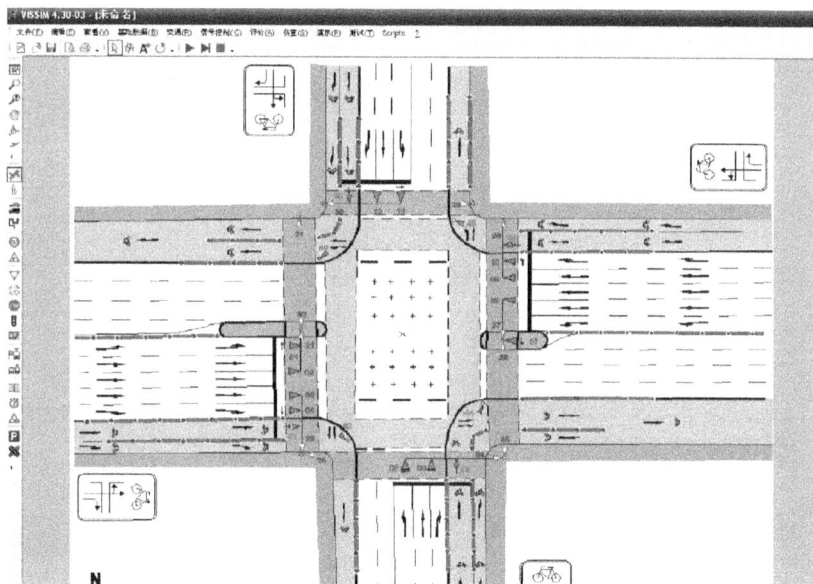

图 9-1 背景图导入

如果图片文件很大,导入时间会较长。VISSIM 能显示众多的图片格式,包括位图和矢量图: ＊.BMP;＊.DWG;＊.JPG ;＊.DXF ;＊.PNG;＊.EMF ;＊.TGA ;＊.WMF ;＊.TIF ;＊. SHP ;＊.SID。

关闭背景选择窗口,在工具栏中点击 [图标] 按钮 ,显示整个地图。

(2)设置对象交叉口尺寸

再次从[**查看**]菜单栏中打开背景选择窗口,选择待缩放的文件(此实验中),点击 [**比例**]。此时,鼠标指针变成一把尺,尺的左上角为[**热点**],以此设置车道宽度。

按住并沿着标距拖动鼠标左键,释放鼠标,输入两点间的实际距离(车道宽度一般为3.5m),点击确定。

(3)移动背景图片

在背景选择窗口中点击起点,可以将背景图片移动到目标位置。此时,鼠标指针变成手掌形状,食指为[**热点**]。按住鼠标左键,可以把背景图片拖到一个新的位置。一般情况下,只要导入的第一张位图不是必须与已有的 VISSIM 路网重合,就不需要对其进行移动。

(4)保存背景图片基本信息

依次选择[**查看**]→[**背景**]→[**参数**]……,点击[**保存**],永久保存背景图片的当前比例和原始信息。该命令将产生一个名为 < graphics-file > . HGR 的参数文件,当再次加载同一背景图片时,确认背景图片文件与相应的 * . HGR 文件在同一目录下。

3)建立基础路网

根据背景图片显示的对象交叉口的渠化图,建立基础路网。首先要建立各个进口道的路段,编辑路段信息,再通过连接器连接不同进口道的车道,以定义车辆行驶路径。

(1)建立路段

选择工具栏中的 ![路段模式图标] 模式,在路段中线的起始位置点击鼠标右键,沿着交通流运行方向将其拖至终点位置,释放鼠标,并在路段属性对话框中编辑各路段信息,如图 9-2 所示。

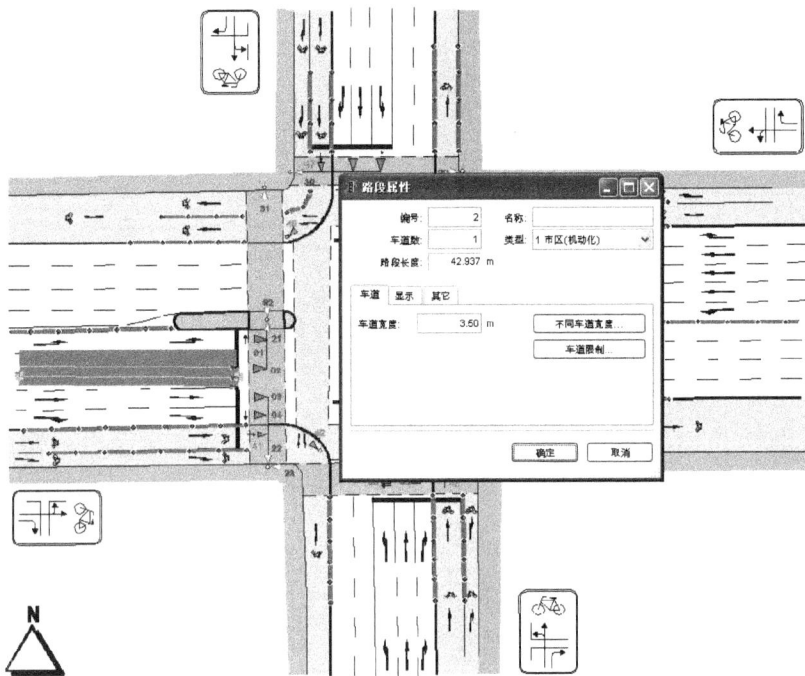

图 9-2 路段建立

(2)连接路段

VISSIM 路网是由相互连接的路段组成的,路段之间需要通过连接器实现连接。如果没有连接器,车辆是不能从一条路段换到另一条路段的。此外,连接器也可以模拟交叉口处的转向关系。

选择工具栏中的  模式,在第一个路段的指定位置(连接器起点)右击并沿着交通流方向拖动鼠标到第二条路段的指定位置(连接器终点),然后释放鼠标,并在连接器对话框里编辑连接器数据。

这里需要注意的是:连接的点数为 2 时,表示为直线;点数大于 2 时,为曲线。点数越大,曲线越光滑,软件中最大可设置的点数为 15。如图 9-3 所示。

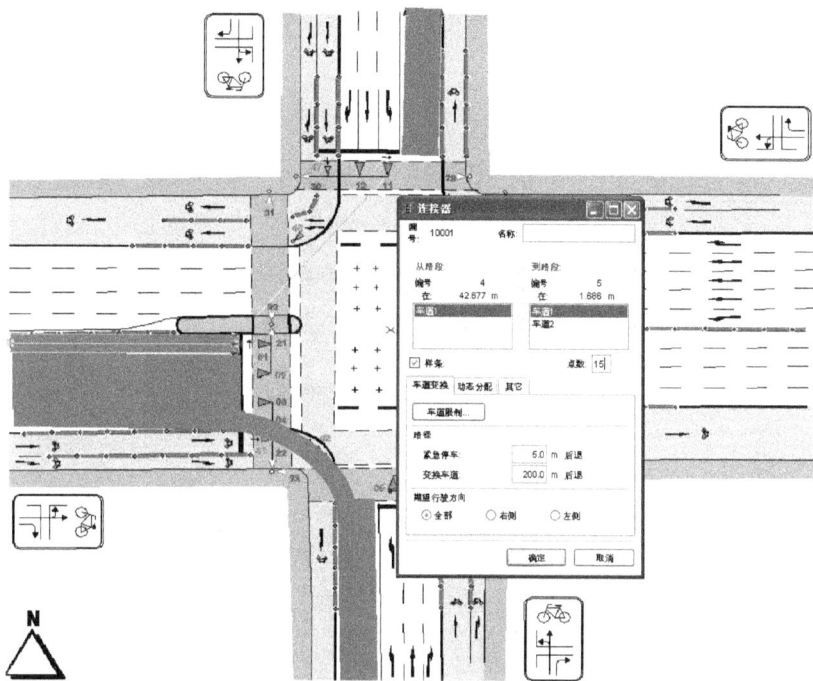

图 9-3 路段连接

建立完所有的路段与连接后形成的基础路网如图 9-4 所示。

4)调整参数

在菜单栏中的[基础数据]中可以根据实际情况调整车辆行驶速度分布/加减速特性、车种/车型、驾驶行为/跟车模型参数标定等参数,本实验中采用系统默认值。

5)输入路网基本特征变量

路网的基本特征变量主要包括:车种构成、车型比例、流量、行驶路径。

(1)设置车种构成和车型比例数据

这一步通过[交通构成]功能实现,交通构成是 VISSIM 输入交通流量的一个组成部分,需要在输入交通流量之前根据实际情况定义不同车道的车种构成和车型比例,行人流量也可以定义为一种交通构成。注意:公交线路上的交通构成需要单独定义。

在菜单栏中选择[交通]→[交通构成],定义输入交通流量的交通构成,可对列表进行新建、编辑和删除,如图 9-5 所示。

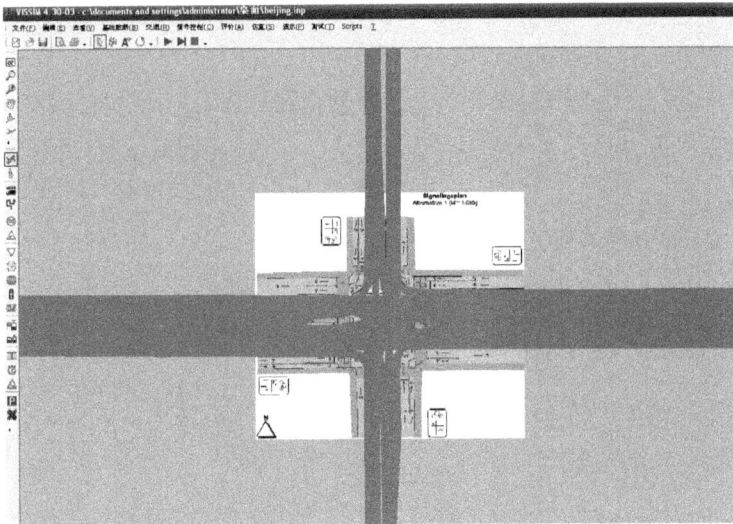

图 9-4　建立基础路网

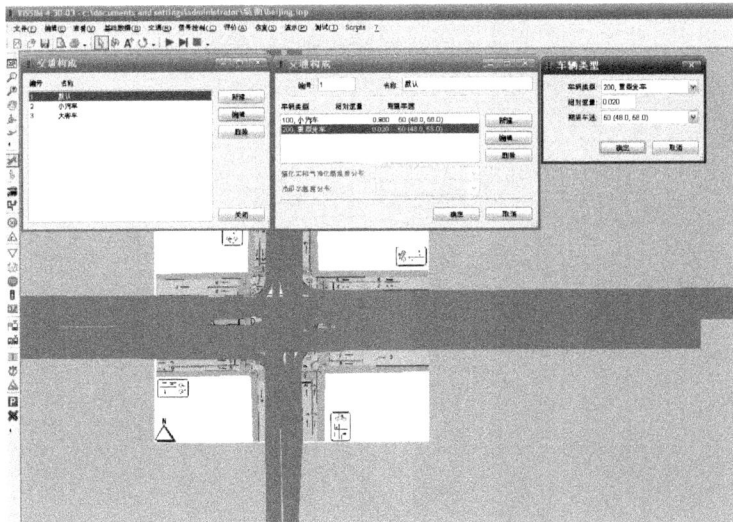

图 9-5　设置车辆构成

（2）输入交通流量

用户可以定义不同时间进入路网的交通流量。每个路段定义有交通流量，单位为车辆/小时，时间间隔不一定以小时为计。在某一时间间隔内，车辆进入路段的规律服从泊松分布。

该实验中对象交叉口的流量图如图9-6所示。

在工具栏中选择车辆输入模式 [图标]，按照以上交叉口流量图设置各个路段的流量。

要打开流量输入窗口，进行如下操作：

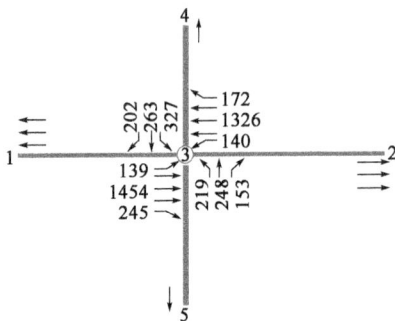

图 9-6　交叉口流量示意图

某个路段的流量输入:双击此路段。

路网的所有流量输入:在 VISSIM 路网外点击鼠标右键(图 9-7)。需要注意的是,路网中的流量是各个进口道的流量。

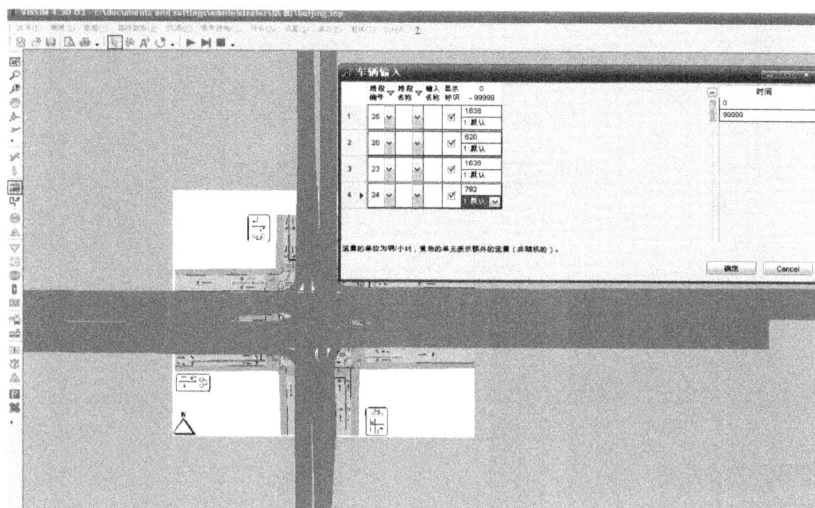

图 9-7 交叉口流量输入

现实中,某路段或某进口道的流量、交通构成通常是动态变化的,因此需要对不同时间段内的流量和交通构成根据实际情况分别设置。此实验中为了简化操作,认为每小时的流量和交通构成固定不变。

①时间间隔编辑:

a.在此部分内点击鼠标右键,从弹出的菜单中选择新建。列表末端将添加新栏。

b.输入新的时间间隔阈值。该值必须与其他值不同,可小于最后时间间隔值。这样,已存在时间间隔在新输入时间处打断。

②流量更改:

a.选择目标更改单元。

b.键入新的流量并按回车键确认。

③交通构成更改:

a.选择要更改的单元。

b.点击鼠标右键,打开下拉菜单。

c.从列表中选择新的交通构成。

(3)行驶路径决策

车辆的行驶路径由一个固定的路段和连接器序列组成,从路径决策起点(红线)到路径决策终点(绿线)。

在工具栏中选择行驶路径决策模式 ⌐⌐,启动该程序。单击目标路段,在目标路段的指定位置(路径决策起点)右击(显示红线),到另一个路段的指定位置(路径决策终点)右击显示(绿线)。此时路径显示为黄色带(图 9-8)。重复此操作分别设置不同流向的行驶路径。

在路网外任意处右击,显示[**路径**]窗口,设置各路径的流量,如图 9-8 所示。

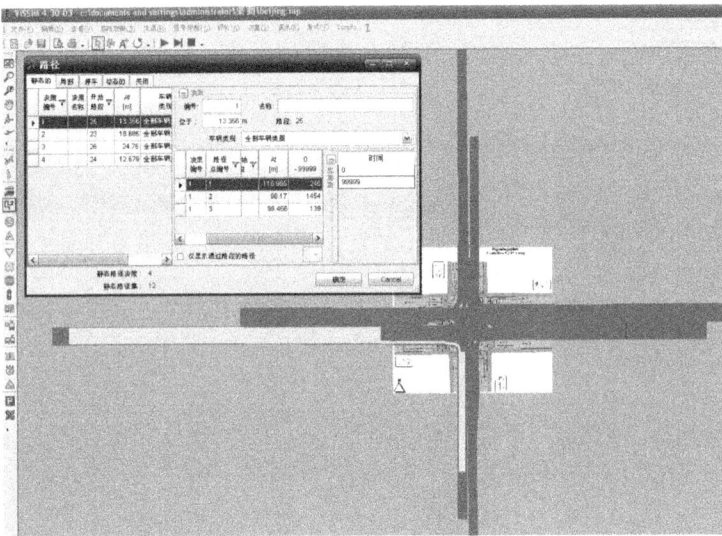

图9-8 交叉口流量输入

6) 设置信号控制方案

该步骤主要设置信号控制机和信号配时方案,首先定义信号控制机,然后分配信号灯组(表9-1)。需要注意的是 VISSIM 不具备设计和优化信号配时方案的功能,在这一步骤中,需要操作者自行根据基础数据提前设计好交叉口信号配时方案。

本例采用实际情况(周期为130s),每个车道分别配置信号灯组,分配信号灯组情况如图9-9所示。

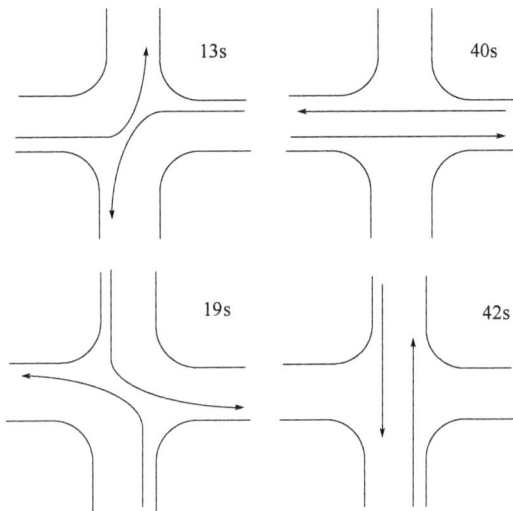

图9-9 信号灯组分配

**分 配 信 号 灯 组**                                   表9-1

| 进 口 | 方 向 | 信号灯组 | 时 间 (s) |
|---|---|---|---|
| 东进口 | 右转 | 8 | 33 |
| | 直行 | 7 | 40 |
| | 左转 | 6 | 13 |

续上表

| 进　　口 | 方　　向 | 信 号 灯 组 | 时　间　（s） |
|---|---|---|---|
| 西进口 | 右转 | 3 | 33 |
| | 直行 | 2 | 40 |
| | 左转 | 1 | 13 |
| 南进口 | 右转 | 11 | 42 |
| | 直行 | 5 | 42 |
| | 左转 | 4 | 19 |
| 北进口 | 右转 | 12 | 42 |
| | 直行 | 10 | 42 |
| | 左转 | 9 | 19 |

**注意:**此例子中固定红灯/黄灯为1s,黄灯为3s。

要设置信号灯,先要定义信号控制机和信号灯组。

(1)设置信号控制机及信号配时方案

要定义一个新的信号控制机,依次选择[**信号控制**]→[**编辑信号控制机⋯**]进入[**信号控制机**]窗口。通过在列表上点击右键,选择[**新建**](或者[**复制**],如果选中了一个信号控制机),定义一个信号控制机。然后在信号灯组的列表中点击右键,选择[**新建**],建立信号灯组的配时方案,重复此操作,分别建立12个信号灯组的配时方案(图9-10)。

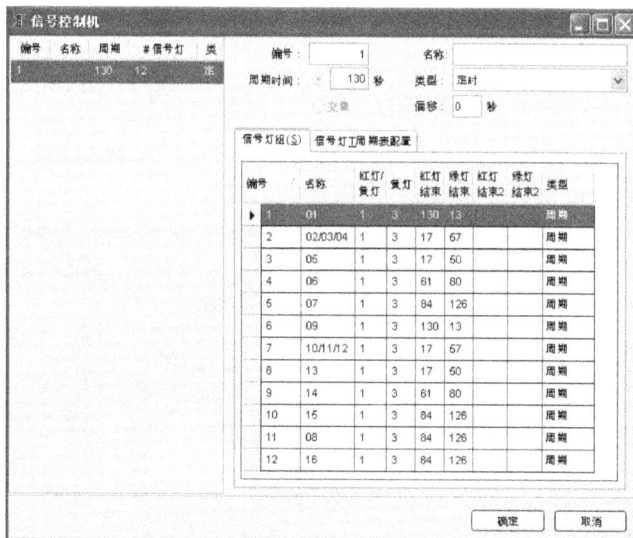

图9-10　信号控制机设置

对每个信号控制器,可设置下列主要属性:

编号:信号控制机的唯一编号。

名称:标识或注释。

周期:固定周期长度或可变周期长度(可变),单位:s。

相位差:单位:s。

类型:信号控制机类型和控制策略。其他的选项被激活与否依据此设置。

（2）设置信号灯组

①选择信号灯模式 ▊ 。

②选择信号灯的目标放置路段。

③点击右键，确定信号灯所在路段的位置。

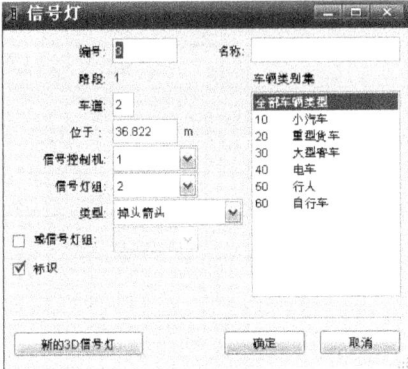

图9-11　信号灯组设置

④编辑信号灯属性（图9-11）。

编号：信号灯的唯一编号。

名称：可选的标识或注释。

信号控制机：选择信号控制器。

信号灯组：选择信号灯组。

标识：显示所有信号灯标签，见[**查看**]—[**路网元素…**]。该选项允许单独关闭任一标签。

⑤点击[**确定**]。

7）建立减速让行规则

定义减速区之前，需要定义至少一个期望车速分布（一般系统默认设置，若没有，可以通过菜单栏中的[**基础数据**]→[**分布**]→[**期望车速分布**]建立）。

（1）在工具栏中选择减速区模式 ▲ 。

（2）选择需要设置减速区的路段或连接器。注意：不允许跨路段或连接器设置减速区。

（3）右击减速区的起点（在路段/连接器内），沿着路段/连接器将其拖动到目标位置。减速区的长度同时被定义。

（4）释放鼠标，打开创建减速区窗口。

（5）针对通过该路段/连接器的每一车辆类型定义合适的车速和加速度。

（6）点击确定（图9-12）。

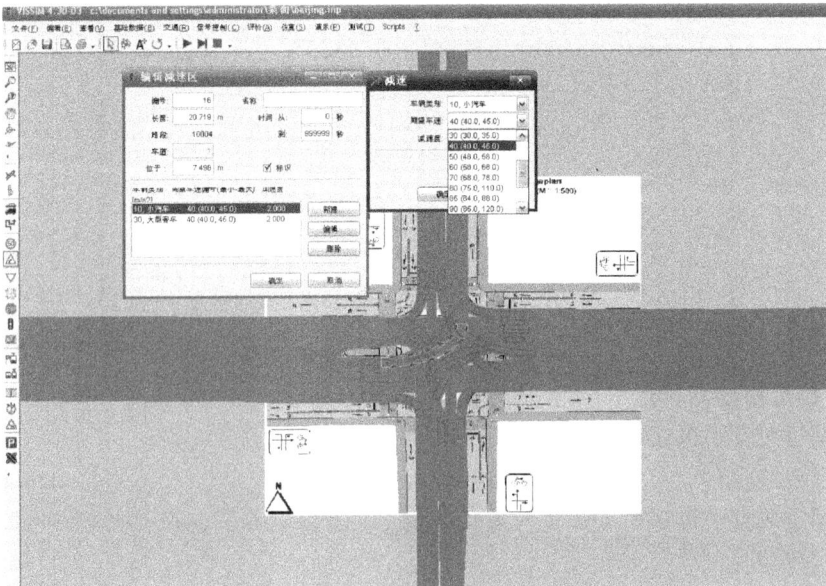

图9-12　冲突区设置

8）建立检测器

检测器中主要包括行程时间、数据采集点和排队计数器等的设置。

（1）定义行程时间检测区段的步骤

①选择行程时间测量模式 🕛 。

②点击鼠标左键选择需要设置行程时间检测区段起点的路段。

③在选定路段上，点击鼠标右键设置检测区段的起点。设置成功后显示为红线，在状态栏中可以查看该点的坐标。

④如有必要的话，使用缩放或滚动条选择需要设置行程时间检测区段终点的路段。

⑤单击鼠标左键选择设置行程时间检测区段终点的路段

⑥在选定路段上，点击鼠标右键，设置检测区段的终点。设置成功后显示为绿线，同时打开创建出行时间测量窗口。

⑦设置相关属性（图9-13）并点击确定。

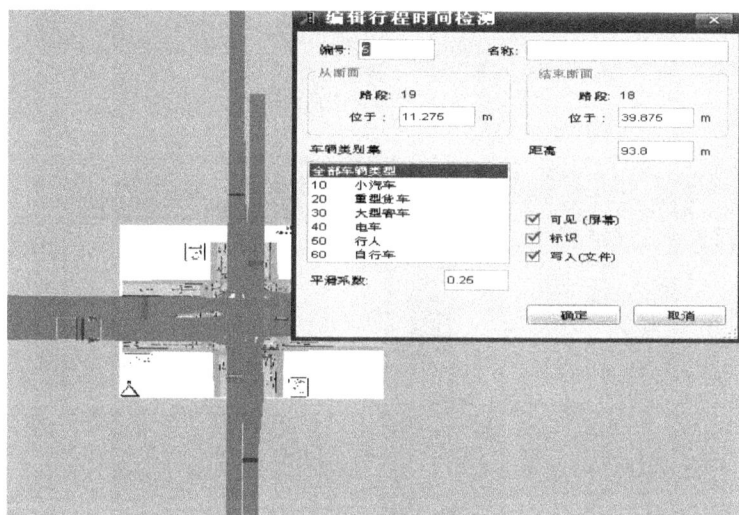

图9-13　设置检测内容

（2）定义数据采集点的步骤

①选择数据采集点模式 ▐ 。

②点击鼠标左键选择需要设置数据采集点的路段。

③在目标位置点点击鼠标右键，设置数据采集点。

④在弹出的窗口输入编号、名称、位置等信息，点击确定（图9-14）。

（3）定义排队计数器的步骤

①选择排队计数器模式 ⚠ 。

②左击选择需要设计排队计数器的路段 。

③在目标位置点右击，设置排队计数器。排队将从设置位置起往上游方向计算。

④在弹出的窗口中输入编号和位置，点击[**确定**]（图9-15）。

VISSIM的排队计数器可以提供以下输出：平均排队长度。最大排队长度，排队车辆的停车次数。

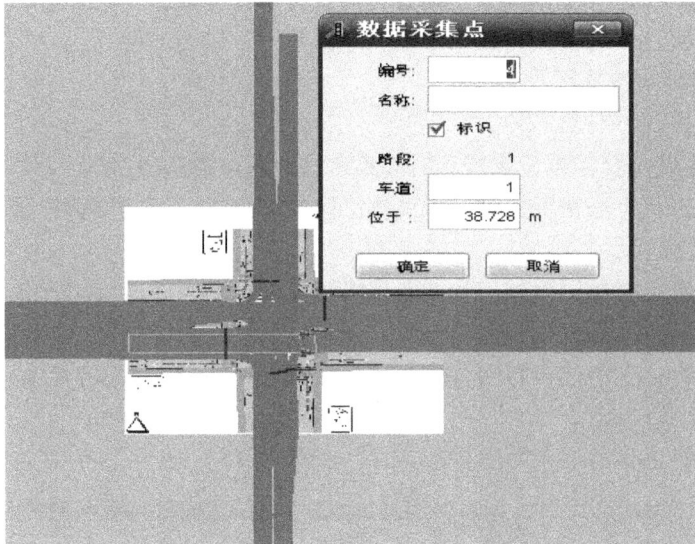

图 9-14　数据采集点设置

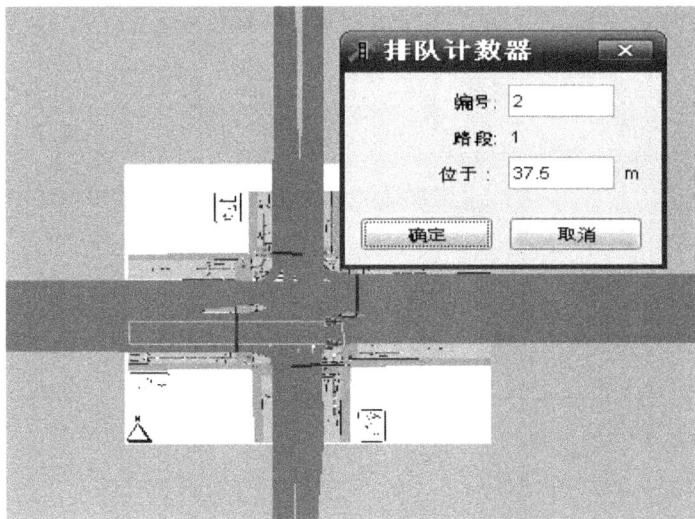

图 9-15　定义排队计数器

　　排队是从上游路段/连接器的排队计数器的设置位置开始计数,直至排队状态下的最后一辆车。如果排队计数器设置在多车道路段上,它将记录所有车辆的排队信息,并报告最大排队长度。排队长度的单位是距离,而不是车辆数。

　　排队计数器可以设置在路段/连接器上的任何位置,但是最合适的位置是信号控制交叉口的停车线。

　　9)仿真结果输出

　　(1)二维仿真

　　①在菜单栏中选择[**评价**]→[**文件**]→[**配置**](根据仿真目的选择自己想要输出的数据,例如:行程时间、数据采集点、延误、排队长度等→[**确定**]。如图 9-16 所示。

②单击连续动画按钮,开始仿真。

③输出检测器数据报表的原始数据(一般情况下与目标路径是一致的,本实验的原始数据保存在 VISSIM 文件夹→Example 文件夹→Demo 文件夹→UrbanIntersection_Beijing. cn)。

(2)三维仿真

①首先切换到 3D 模式(**Ctrl + D**),同样在菜单栏中选择[**评价**]→[**文件**]→[**配置**](选择自己想要输出的数据,例如:行程时间、数据采集点、延误、排队长度等)→[**确定**]。

②在菜单栏中点击[**演示**]→[**动画参数**],弹出动画参数对话窗口,从新建中设置演示的时间间隔,如本例中设置为 1 ~ 1500s,最后点击[**确定**]。如图 9-17 所示。

图 9-16　仿真评价

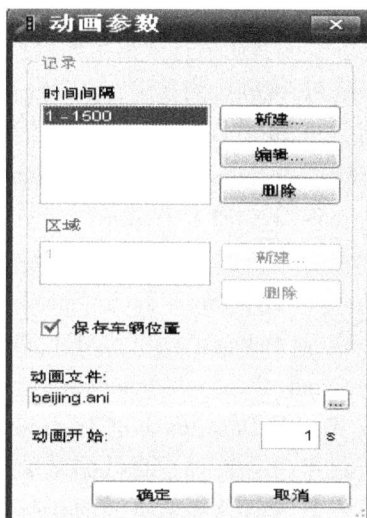

图 9-17　设置仿真参数

③在菜单栏中选择[**演示**]→[**记录 AVI 文件**]→[**连续仿真**]→保存仿真文件(不允许改变路径)→格式选取:Microsoft Video 1,如图 9-18 所示。

④输出检测器数据报表的原始数据(一般情况下与目标路径是一致的,本实验的原始数据保存在 VISSIM 文件夹→Example 文件夹→Demo 文件夹→UrbanIntersection_ Beijing. cn)。

图 9-18　设置视频格式

# 9.6　实验思考与问题

(1)考虑设计不同的信号配时方案,分析不同方案下的评价数据结果,比较各方案优劣。

(2)分析和比较 Synchro 与 VISSIM 两个仿真软件在信号配时方案设计过程中的异同和优缺点。

# 参 考 文 献

［1］ 罗霞,刘澜.新编交通管理与控制［M］.北京:人民交通出版社,2009.

［2］ Synchro 6 User Guide.

［3］ Synchro Studio 7 Examples.

［4］ VISSIM 4. 30 User Manual.

［5］ 姜小奇.一体化设计的交通信息分析与处理系统［J］.电脑知识与技术,2006(35).

［6］ 李江.交通工程学［M］.北京:人民交通出版社,2002.

［7］ 欧冬秀.交通信息技术［M］.上海:同济大学出版社,2007.

［8］ 郑建湖,王明华.动态交通信息采集技术比较分析［J］.交通标准化,2009(4).

［9］ 肖尧.智能交通信息采集与融合技术的应用研究［D］.南昌:华东交通大学,2011..

［10］ 张晓东.视频检测技术在 ATMS 中的应用［J］.吉林大学学报,2003,33(3):96-100.

［11］ 胡明伟.基于 GPS 的实时交通信息采集方法的研究［J］.公路交通科技,2007,5,24(5).

［12］ Yilin Zhao. Mobile Phone Location Determination and Its Impact on Intelligent Transportation Systems［J］. IEEE Transactions On Intelligent Transportation Systems,2000,l(1):55-454.

［13］ Pyo,J. S. ,Shin,D. H. ,and Sung,T. K. Development of a Map Matching Method Using the Multiple Hypothesis Technique. In IEEE Intelligent Transportation Systems Conference Proceedings Oakland,Calif. ,2001,PP. 23-27.

［14］ (Armand'Ciccarelli. Innovative Traffic Data Collection:An Analysis of Potential Uses inFlorida. Florida Department of Transportation ITS Office. P38,2001. 12).

［15］ 苗海芳.多源交通信息数据质量评价与控制方法研究［D］.吉林:吉林大学,2014.

［16］ 郭沛亮.基于多维数据源的动态交通流信息平台研究［D］.北京:北京交通大学,2010.

［17］ Qiu Zhijun, Cheng Peng, Ran Bin. Issues of Using Cell Phone Probes to Estimate Traffic in the Developing Country［C］. World Conference on Transport Research Society. 11th World Conference on Transportation Research. Berkeley:University of California, 2007:3-6.

［18］ 刘军.Hadoop 大数据处理［M］.北京:人民邮电出版社,2013.

［19］ 唐要安.大数据在交通工具中的应用［J］.交通世界,2013(12).

［20］ 王星等.大数据分析:方法与应用［M］.北京:清华大学出版社,2013.

［21］ Sanwal, K. K. , and Walrand, J. Vehicles as Probes. California PATH Working Paper UCBITS—PWP-95—1 1. University of California,Berkeley,1995.